U0591180

"杂交水稻之父"

袁隆平

的故事

让世界不再饥饿

贾建湘——著

长江出版传媒

长江少年儿童出版社

袁隆平

引 子

　　"杂交水稻之父"袁隆平,他发明的杂交水稻,被称作"东方魔稻",被国际上视为中国继古代四大发明之后的第五大发明,被喻为"第二次绿色革命"。2019年,袁隆平荣获习近平总书记亲自颁发的"共和国勋章"。

稻，通称水稻，是人类重要的粮食作物之一，耕种与食用的历史已经相当悠久，全世界有一半的人口食用稻。水稻根植于辽阔的大地，沐浴着风雨雷电和日月星辰。一滴水能折射出太阳的光辉，同样，一株水稻也浓缩着宇宙与人类文明的发展史。可以说，水稻是大自然赐予人类的神奇植物。每当夏日，在宽阔的田野上，在蜿蜒绵亘的青山环抱之中，那绿色的秧苗青翠欲滴，散发出淡淡的清香。待到秋天，在灿烂阳光的照射下，田间那一束束沉甸甸的稻谷，似一垄垄金黄的珍珠串儿，随着微风摇摆，勾勒出大自然无穷无尽的魅力。我想，只有将水稻与人类的命运紧密地联系在一起，才能够体现出水稻的真正价值。

世界上究竟是谁最先发明了栽培稻呢？这个问题在学术界已经争论了一百多年。20世纪50年代前后，有些外国学者认为是印度人发明了栽培稻，也有的专家认为世界上最早的种稻人为泰国人或越南人。20世纪70年代，研究中国饮食文化的日本学者蓧田统认为，中国稻是由东南亚顺着海岸线传过来的。这些观点都在否认栽培稻起源于中国的说法。

人们众说纷纭，然而用事实说话是停止争论的最好方式。1973年，中国浙江余姚河姆渡遗址的发现，给了世界一个惊喜！经专家认定，河姆渡遗址由4个不同时期的史前文化堆积而成，距今已有5000~7000年。以那里地层中的谷壳、谷粒和稻根等遗存物推算，稻谷总量达120吨以上，这一发现轰动了世界学术界。

更令人高兴的是，2000年10月，在浙江省境内发现的上山遗址，是一处距今8500~11000年的新石器时代早期文化遗址。在上山遗址中发现了夹炭红衣陶片，里面有稻谷的痕迹。它将著名的河姆渡等史前文明又上溯了3000年，再一次刷新了我们的认知。

在上山考古遗址公园的展厅里，挂着一幅"万年上山，世界稻源"的题词，题写者正是"共和国勋章"获得者、中国工程院院士、"杂交水稻之父"袁隆平。

纵观世界水稻史，印度卢塔尔发现的亚洲原生稻距今才3600多年。曾被誉为"世界上最古老的稻谷"——泰国奴奴克塔遗址出土的稻谷距今约6000年。从时间上看，中国才是栽培稻的发源地。

我国的考古发现也进一步证实了这一观点。如江西仙人洞吊桶环遗址，广东英德牛栏洞遗址，湖南澧县的彭头山、江苏吴兴的钱山漾、江苏省苏州市的草鞋山、上海青浦的崧泽、广东曲江的马坝人等遗址，都从不同侧面展现了栽培稻在中国的演变和发展史。

我国考古学家严文明在他的《中国稻作农业的起源》一文中指出："把迄今获得的考古资料按照时间先后进行排列，最早的水稻种植仅限于杭州湾和长江三角洲近海一侧，然后像波浪一样，逐级地扩展到长江中游、江淮平原、长江上游和黄河中下游，最后完成了今天水稻分布的格局。"

中国人最早种植水稻，是对世界文明发展的重要贡献。有观点认为水稻在中国推广不久，便成燎原之势，传到了东亚近邻的一些国家。在3000多年前的殷周之交，中国水稻就已北传朝鲜，南传越南。到了2000多年前的汉代，中国粳稻便东传日本，随后又传到菲律宾。直到公元5世纪，水稻再经伊朗传至西亚，然后经非洲传到欧洲。新大陆发现后再由非洲传到美洲乃至全世界。

美国作家、历史地理学家房龙在其《人类的故事》一书中对人类发展的艰难历程作了这样的描述："人类的历史其实就是饥饿者寻觅食物的历史。""民以食为天"，食与人类的繁衍生息密不可分。而粮食作为一种重要的战略资源，是人类社会发展不可缺少的。随着时代的变迁和社会的进步，人类尽管正在逐步远离饥饿的自然状态，但在世界许多国家和地区，饥饿和贫穷仍如影相随，不断导致冲突、战乱、疾病等。可以这样说，从人类诞生的第一天起，就在不断地与饥饿进行着顽强的抗争。

中国是一个人口大国，同时也是一个农业大国，粮食问题一直备受世界的关注。早在1949年中华人民共和国成立之初，当时的美国国务卿艾奇逊曾预言：同历代中国政府一样，新中国也将因无力解决中国当时4.75亿人口的吃饭问题而垮台。然而，几十年过去了，艾奇逊的预言不攻自破。尽管如此，怀疑的浪潮还是一浪高过一浪……

1994年9月，时任美国世界观察研究所所长的莱斯特·布朗曾发表了一篇长达 141 页的文章《谁来养活中国——来自一个小行星的醒世报告》，他假设中国将在 1990 年至 2030 年之间实现持续快速的工业化。他从日本、韩国和中国台湾地区的发展历程中得出这样一个结论：中国要想用仅占世界 7% 的耕地来养活占世界 22% 的人口，是绝对不可能的。中国为了养活 10 多亿的人口，不得不从国外大量进口粮食，这自然会对世界的粮食供应产生巨大的影响，造成世界粮价上涨和粮食短缺。一旦中国发生粮食危机，最终世界将会出现粮食恐慌。

布朗错了，一些心怀不轨的人也错了。他们最大的失误就是低估了中国人民的智慧与创造精神！

袁隆平，一个英雄的名字，早已享誉世界。他像一道绿色的闪电，穿越时光的隧道，将粒粒甘露洒向人间，用一粒种子改变了世界。

"杂交水稻之父"袁隆平，他发明的杂交水稻，被称作"东方魔稻"，被国际上视为中国继古代四大发明之后的第五大发明，被喻为"第二次绿色革命"。2019 年，袁隆平荣获习近平总书记亲自颁发的"共和国勋章"。

随着经济社会的快速发展，中国的耕地在逐渐减少，这是一个不争的事实。但中国的粮食产量反而有增无减，这不能不说是一个伟大的奇迹，袁隆平就是创造这个奇迹的带头人。中国年种植杂交水稻 2.5 亿亩（1 亩 = 666.67 米^2），约占水稻种植总面积的 59%，而杂交水稻的产量就占了水稻总产量的近 70%。仅种植杂交水稻增产的稻谷，每年就可以多养活 7000 万人。袁隆平说得最多的一句话就是："中国人的饭碗要牢牢端在自己手中！"

科学无国界，以袁隆平为代表的中国科学家所创造的这一领先世界的科研成果，不仅解决了养活中国人的问题，而且惠及世界各国。自 20 世纪 80 年代起，杂交水稻作为我国原创的农业技术知识产权首次转让到美国，随之推广到东南亚，再推广到墨西哥、巴西、意大利、尼日利亚、埃及等国家，让杂交水稻走向了世界，与世人共享。对此，联合国粮农组织把在全球范围内推广杂交水稻技术作为一项战略计划，并聘请袁隆平院士为联合国粮农组织首席顾问。迄今为止，中国的杂交水稻已在世界上 50 多个国家推广并取得成功。

创新是一个民族进步的灵魂，进取是一个科学家的精神。袁隆平在杂交水稻领域取得巨大成功之后，并没有放慢继续攀登的脚步……袁隆平先后被授予世界粮食奖和以色列沃尔夫奖。沃尔夫奖的颁奖词这样写道："袁隆平教授之所以获得 2004 年沃尔夫奖，是因为他在水稻方面的革新成就大大提高了世界粮食的产量。在袁隆平教授的革新之下，世界的水稻产量提高了 20%，中国的水稻产量提高了 50%。"

消除贫穷与饥饿才能促进世界和平。从这个意义上来说，袁隆平为人类反饥饿运动和世界和平做出了卓越贡献，是当之无愧的和平使者！袁隆平是中国的骄傲！

第一章

颠沛流离的动荡岁月

一位母亲培养孩子的方式，也如同培育一粒种子一样，润物细无声。母亲经常对二毛讲：中华大地是一片神奇的沃土，是一个美丽的家园，孕育了几亿中华儿女。

他从饥荒岁月来

　　袁隆平一出生，生活就同他开了一个不大不小的玩笑。在他的生平简历和各种传记里，他的生日没有一次是书写正确的。一种说法是：袁隆平 1930 年 9 月 1 日（农历七月初九），出生于北京协和医院。另一种说法是：袁隆平生于 1930 年 9 月 7 日（农历七月十五）。直到著名作家陈启文根据《袁隆平口述自传》中披露的，在北京协和医院的历史档案里，找到一份婴儿的出生证明，才还原了袁隆平一个准确的诞生日：1929 年 8 月 13 日（农历七月初九）。他在书中是这样描述的："对于一个此时已年逾八旬的老人而言，这是一次迟到已久的生命确认。对此，一辈子大大咧咧的袁隆平先生倒是觉得改不改过来无所谓，多少年了，他早已习惯了 9 月 7 日那个生日，习惯成自然。但对于一个严谨的、一丝不苟的科学家，我觉得这是一次非常必要的更正，从而确立了一个正确的生命开端。那份出生证明是打印的，除了打印文字，其余的空白则是用繁体中文或英文填写，左上页填写的是一个婴儿的生命信息和家庭信息：袁小孩，家住西城旧刑部街长安公寓，原籍江西德安城内；右页中间为袁小孩出生时留下的脚印，上面还有那位为袁小孩接生的妇产科大夫的英文签名：Qiaozhi Lin——林巧稚！一个女性娟秀、端正的笔迹，绝不同于如今医院里开出的那些如天书般的病历或处方。这让我一下辨认出了一个伟大的名字，第一个把袁隆平接到这个世界上来的人，竟然是万婴之母林巧稚！"

袁隆平的降生，可把全家乐坏了。父亲袁兴烈和母亲华静给孩子取名是按照袁氏家族"隆"字辈，再加上出生地，故取名隆平，因排行第二，乳名二毛。袁隆平兄弟5人：隆津、隆平、隆赣、隆德、隆湘，均以"津""平""赣""德""湘"的出生地取的名。

袁隆平祖籍江西省德安县南郊青竹板坡，位于钟灵毓秀的庐山脚下，鄱阳湖西畔，四季气候宜人，是一个山清水秀的好地方。袁家世代躬耕垄田，日出而作，日落而息，在这片土地上繁衍生息。19世纪后期，先祖们开始弃农经商，迁居县城，家族也逐渐兴旺起来。

祖父袁盛鉴，是一个典型的旧式读书人，曾一举高中晚清举人。受戊戌变法的影响，他从一个晚清举人变成了清末宪政时期的维新人士，在孙中山先生领导的民国时期曾当选为江西省第一届议会议员，历任德安县高等小学校长、县农会会长、广东琼崖行政长官秘书长、文昌县（现文昌市）县长等职。

父亲袁兴烈生于1905年，毕业于国立东南大学中文系，也担任过德安县高等小学校长和督学，早期在平汉铁路局供职，是一位颇具爱国心的知识分子。抗日战争爆发后，袁兴烈积极投身抗日救亡运动，与福裕钢铁厂厂长陈子山两人筹资，打造了500多把特制的大刀，捐献给抗日名将孙连仲麾下的大刀队，积极帮助抗日部队运送军械物资，保障部队给养。不久，袁兴烈毅然投笔从戎，在冯玉祥领导的第二集团军驻渝办事处任上校秘书，抗战胜利之后，在国民党政府侨务委员会任科长。他为人正直，通情达理，是一位典型的中国知识分子。

母亲华静，原名华国林，1902年生于扬子江和京杭大运河交汇处的江南鱼米之乡镇江，那方水土素有"天下第一江山"之美誉。她是一个大家闺秀，非常喜爱花卉，高洁典雅，聪慧善良，在英国教会学校读过书，能讲一口流利的英语。她高中毕业之后，恰好被分配到县高等小学教书，在那里与时任校长的袁兴烈相识。长子隆津出生后，为了更好地抚养孩子，她辞去了教师的工作，成为一名相夫教子的贤妻良母。她万万没有想到，在这饥荒岁月降生的孩子当中，有一个就是为了让世界不再饥饿而生的。

母亲是人生的第一位老师

　　袁隆平的母亲华静除了精通英语之外，还特别爱好哲学、文学等，是一位非常了不起的知识女性。她对孩子的教育确实是费了一番苦心的，对袁隆平一生的影响也是最大的。她非常注重对孩子道德品质的培养，同时努力开发孩子们的能力。在她看来，孩子如同一座待开发的宝藏，而优良的品德和高尚的情操则是打开知识之门的钥匙。她经常教育孩子们："要多读书、求进取、做好事。"她用自己的母爱、心血和知识启迪孩子们幼小的心灵。她经常讲一些童话故事给孩子们听，比如《海的女儿》《青蛙王子》《卖火柴的小女孩》《丑小鸭》等，有时也教他们一些简单的英语单词。在这种良好的家庭教育熏陶下，袁隆平兄弟5人茁壮成长，先后考取了大专院校，后来分别在新疆、湖南、江西、四川、安徽等地工作，成为国家的有用之才。这也是她作为母亲最引以为豪的成就。

　　震惊中外的"九一八"事变发生后，日军侵占了沈阳，之后长驱直入，仅仅4个多月，日军便迅速占领了东北三省，东北全境沦陷，3000多万同胞饱受亡国奴的痛苦折磨。1938年，袁隆平一家人为了躲避战乱，从汉口出发，乘坐一条小木船逆流而上,径直逃往湖南。因江面风浪大、流水急,船工们摇起桨来格外地吃力,每天从早晨忙到日落,船也只能行驶一二十千米路程。船工们既要忍受饥饿,又害怕敌机的随时轰炸,稍不留神就有生命危险。历经 20 多天的长途跋涉,袁隆平一家好不容易才抵达了湖南桃源境内。

桃源,本是一个景色迷人的地方。鲜艳的桃花,弯曲的小径,农家的炊烟,还有骑在牛背上的牧童,蹲在湖边浣衣的少女……这一切,构成了一幅天然美丽的江南田园山水画。自幼生长在大城市里的袁隆平很快便喜欢上了这里。

翌日,随着一声警报的长鸣,日军的轰炸机结队而来,老远就听见轰隆轰隆的爆炸声和机关枪疯狂扫射的声音,四处火光冲天,哭喊声、尖叫声乱成一团,无数无辜的民众倒在了血泊之中,在死亡线上痛苦地挣扎……在父亲的再三催促下,袁隆平一家人赶紧躲在一座石板桥下,才侥幸地逃过了这一劫难。

一位母亲培养孩子的方式,也如同培育一粒种子一样,润物细无声。母亲经常对二毛讲:中华大地是一片神奇的沃土,是一个美丽的家园,孕育了几亿中华儿女。我们曾经居住过的地方,长城脚下的北平,长江边的汉口,还有如今我们身处的桃源都是美丽的。这里有桃花岩、桃花溪、十里桃花廊,真可谓"红树青山,斜阳古道;桃花流水,福地洞天"。东晋大诗人陶渊明先生的《桃花源记》中"晋太元中,武陵人捕鱼为业。缘溪行,忘路之远近。忽逢桃花林,夹岸数百步,中无杂树，芳草鲜美，落英缤纷……"的描绘，似乎在这里都能够找到原样。

然而，战争是残酷的，我们美丽的家园被日寇随意蹂躏，真让人痛心疾首。战争也是不公平的，大都是以强欺弱，弱肉强食，给百姓带来了极大的痛苦和灾难。我们唯有自强不息，国强民富，丰衣足食，才能不被西方列强欺负，才能共享和平温暖的阳光。

母亲动情地说到这，稍微停了片刻，然后笑着问袁隆平："二毛，你知道我们中国古代的四大发明吗？"

二毛没有作答，那两只小眼睛只是天真地望着母亲。

母亲转念一想，这着实有点难为孩子了。日寇的入侵，使得国难当头，民不聊生。二毛同其他儿童一样，尽管对学习文化知识充满渴望，但在这动荡的年代，破旧的教室里摆不下一张平静的书桌，学生们无法安心读书，所学所思有限，可想而知。

母亲语重心长地说："我国古代的四大发明是指南针、造纸术、火药和印刷术。四大发明在人类文明史上的重要地位，是中国成为文明古国的重要标志之一。"

中国古代的科学技术在许多方面曾经居于世界前列。在欧洲处于中世纪的千余年间，中国的科学技术一直向前发展，而欧洲的科学发展却停滞不前。但是，过去的光辉历史不等于现在的荣耀。到了15、16世纪，由于欧洲封建制度的瓦解，近代自然科学得以诞生，欧洲科学技术继而突飞猛进，超越

中国，领先世界。从那时候起，中国的科学发展就一直落后于西方国家。以至于后来，西方列强利用中国人发明的指南针、火药，直接打开了中国的大门。在清朝，西方列强强迫中国割地赔款，使中国沦为一个半殖民地半封建社会的国家。

许多中国人始终为古代的四大发明而津津乐道。然而，千百年过去了，国人是否还有什么值得夸耀的大发明呢？而在世界其他国家，改变人类历史的大发明却是层出不穷，如蒸汽机、电力、电灯、汽车、飞机等，他们从来不曾停下脚步，不断地努力创新。

了解自己国家过去的光辉历史固然重要。但死死地抱着过去不放，我们就会自我麻痹，裹足不前。中国这样一个泱泱大国，影响世界的大发明不应该只有这 4 个，应当随着历史的发展，科技的进步，而不断有新的发明创造，为人类文明进步做出新的贡献！

二毛听到这儿，似懂非懂地点了点头。母亲的思想和讲的故事成了他永久的记忆，影响了他的整个人生。

童年的记忆

　　1939 年的除夕之夜，北风凛凛，寒气袭人。波翻浪卷的长江混浊一片，那么沉重、黯淡，一眼望去，岸边寂静无人，唯有江水急促的拍岸声隐隐传来。袁隆平一家 7 口人坐在一条木船上，湖北宜昌的江边没有喜庆的灯火，没有迎春的爆竹声，孩子们更没有过年的新衣裳。此情此景，与春节本该有的欢乐祥和的热闹气氛，形成了鲜明的反差。在那艰苦的年代，有的只是父亲的惆怅，母亲的辛酸，孩子们的声声叹息。在这辞旧迎新之际，人们对祖国山河破碎的痛苦感受，比任何时候都更加强烈。一种忧国忧民的情感在人们心中燃烧，就像这滔滔的江水此起彼伏，汹涌澎湃。

　　"蜀道之难，难于上青天！"唐代大诗人李白的诗句早就道出了进川之路的艰难。长江沿岸地势险要，关隘重重，壁立千仞的险峻山峰连绵成片，斧劈刀削似的山壁间，松木倒挂，飞泉直泻，难觅人迹与兽痕。江面阴风四起，令人心惊胆寒。逆水行舟，纤夫们屈着身子，背着缰绳，一瘸一拐地往前迈，非常辛苦，有时遇上浪涌，船儿还会倒退几米。时值冬季，江水较浅，木船只能在江心行驶，那纤绳就加长了许多，这样一来纤夫们就拉得更加吃力了。

袁隆平的母亲心地善良，每当她看到纤夫们肩上磨出的道道伤痕和手上的老茧，心里很不是个滋味，所以她常常弄一些好吃的饭菜给他们"打牙祭"，敬他们几杯谷酒暖暖身子。这事情看上去虽小，却令船工们非常感动，大家相处久了关系也更融洽了。

船工们喜欢逗二毛玩，经常讲一些长江上发生的真实故事给他听，故事里既有船工们惊险的亲身经历，也有穷人们的辛酸苦辣。二毛人虽年少，但每次都听得非常认真，有时候二毛也向船工叔叔伯伯们提一些稀奇古怪的问题。二毛所提的问题，船工们有的一时也回答不上来。于是，他们便会逗二毛唱歌，二毛还真拿得出手，二话不说，便放开稚嫩的嗓子跟着船工们一起唱了起来：

> 一根纤绳九丈三，
>
> 父子代代肩上拴。
>
> 踏穿岩石无人问，
>
> 谁知纤夫心里寒。
>
> ……

这天清晨，太阳从东方慢慢地升起，蔚蓝色的天空没有一丝云彩。船儿在江中缓缓地行驶，二毛站在船头凝望着岸上辛劳的纤夫，心想：要是每天都是这样晴朗的日子，那该多好呀！纤夫们也就不至于光着身子在风雨中劳作了。

这时，比他小 4 岁的四毛走了过来，问："哥哥，你在看什么哩？"

也许是二毛想问题走了神没听见，没有搭理他。谁知四毛一气之下将二毛用力一推，二毛猝不及防，从船头掉下江去。

说时迟，那时快，一位老船工见状，赶紧将衣服一脱，纵身跳进了冰冷的江水中，一个猛子扎进水里，再用双手抓住二毛的腰将他托出水面，然后慢慢地游向船边。在其他几名船工的帮助下，二毛很快被救了上来。船上所有的人都急得手忙脚乱：母亲忙着为二毛擦身子、换衣服；父亲连忙将自己的衣服拿来让老船工换上；船工们赶快烧起了火为他们取暖。父亲转过身又赶紧到船舱拿来了白酒，劝船工多喝几口暖暖身子。

四毛被这突如其来的状况吓呆了，半天没敢出声。当他缓过神来知道自己闯了大祸时，忽然大哭起来。母亲连忙走过去抱起四毛，轻轻地在他身上拍了拍，知道四毛不是故意的，不但没有责怪他，反而把他抱得更紧了……

从那时起，二毛便暗自下决心今后一定要学会游泳，长大之后要像老船工那样，在别人遇到危险时，自己能够挺身而出。因为，人最宝贵的就是生命。

在那战火纷飞的年代，逃亡的生活是极为艰辛的，充满坎坷和危险。母亲常说："今天我们一家人还能够在一起，可明天真不知道会发生什么样的事情呢？"在这种担惊受怕中，不知在江面上漂泊了多少个日日夜夜，袁隆平一家终于到达了抗日战争的大后方——雾都重庆。

重庆幅员辽阔，江河纵横，峰峦叠翠，北有大巴山，东有巫山，东南有武陵山，南面是大娄山。特别是长江、嘉陵江、乌江、涪江等自西向东横贯境内，让水文化在这儿孕育发展。

袁隆平一家在这座城市生活了 8 年。父亲袁兴烈不仅博学多才，而且积极抗日，颇得国民党将领孙连仲的赏识，不久就被委任为国民党第二集团军驻渝办事处上校秘书。随着父亲的升迁，他们的家境也日渐好转，全家住到了嘉陵江南岸的周家湾狮子口龙门浩街 27 号。

母亲从小受过良好的教育，特别是艺术熏陶，所以，她热爱花卉，精通插花艺术。她常说："室雅何须大，花香不在多。"母亲经常会从临水码头买一些鲜艳的花束回来，自己再亲手插成很美的造型，屋子里始终充满着生机。隔不了几日，花儿凋谢了，母亲就会另外换一束，而且她会根据不同的季节换不同的花卉。黄色的迎春花、白色的丁香花、紫色的蔷薇、红色的玫瑰、金色的菊花……母亲不仅希望孩子们能够茁壮成长，更希望孩子们从小培养高尚的情操，将来成为祖国的栋梁之材，做一个对社会和他人有用的人。

第二章

好奇心是科学之母

袁隆平小时候虽然有些顽皮，但他那一颗好奇、纯朴的童心珍贵无比。正如哈佛大学校长陆登庭所说的那样："如果没有好奇心和纯粹的求知欲为动力，就不可能产生那些对人类和社会具有巨大价值的发明创造。"

千万次的问

在战火硝烟中，袁隆平从重庆市龙门浩中心小学（现改名为龙门浩隆平小学）毕业了。1942 年夏天，他以优异成绩考入了重庆市复兴初级中学。来到新的学校，环境变了，老师和同学们也变了，袁隆平有一种新鲜感，特别是中学又增加了数学、物理、化学等课程，这引起了他极大的兴趣。他自己有一套独特的学习方式，善于思考，喜欢提问题，不像其他同学那样只是死记硬背一些定理公式。

居里夫人曾经说过："好奇心是学者的第一美德。"有一次上数学课时，老师讲授"有理数"一章，当讲到有理数的运算法则时，老师滔滔不绝地说："同号两数相乘取'＋'号，并把两数的绝对值相乘。也就是说，正数乘以正数得正数，负数乘以负数也得正数……"

袁隆平心想，正数乘以正数得正数，这还比较好理解，但怎么负数乘以负数也得正数呢？于是，他便举手提问："老师，为什么负数乘负数也得正数呢？"

数学老师一下怔住了，他一时也回答不上来，稍过了片刻，才轻声说道："同学们，你们刚开始学习代数，有很多东西都

第二章 好奇心是科学之母

弄不懂,但今后慢慢会弄懂的。现在,你们只要记住这个法则,做习题时按照这个法则运算就行了。"

袁隆平对这位老师的讲授并不是很满意,以至于他后来对数学没有了兴趣。在一次采访中,袁隆平对自己没有学好数学追悔莫及,他摇着头说:"回想当年学生时代,我感到遗憾的就是数学没学好。"

还有一次,老师给同学们讲牛顿的轶事:"科学家牛顿非常喜欢猫,便在自己家里养了一大一小两只猫。为了猫夜晚进出方便,牛顿就在家门右侧的墙角打了一大一小两个洞。同学们,你们觉得牛顿做得对吗?"

"我觉得牛顿做得不对,他只需要打一个大洞就行了,两只猫都可以进出。"一位男同学说。

另一位女同学说:"牛顿是一位大科学家,我很钦佩他。但这件事,他却干得愚蠢。"绝大多数同学都支持这两位同学的观点。

"我不同意!"袁隆平站了起来,振振有词地说,"我觉得牛顿的做法是正确的。我们设想一下,如果两只猫同时都要进出,而洞口又只有一个,那会出现怎么样的情况呢?两只猫不是就会打架吗?"袁隆平的一席话,引得全班同学哄堂大笑。

学贵知疑,袁隆平喜欢提问题,经常琢磨"为什么"。这是一种非常好的学习态度,不懂就问,千万不要不懂装懂。进入高年级后,有一次上物理课,当老师讲到著名物理学家爱因斯坦关于"物质能量"的方程式，即 $E=mc^2$ 时，袁隆平又有些好奇了。他想：E 代表能量，m 代表质量，c 代表光速，而光速是一个很大很大的数，那么，很小的质量中就蕴藏着极大的能量，这还比较容易理解。可为什么能量又和光速的二次方成正比呢？于是，他等老师讲完，忽闪着一双好奇的眼睛，问："老师，您能告诉我们，为什么物质的能量和光速的平方成正比吗？"

这又是一个难以解答的问题。爱因斯坦花费了 10 年时间，才于 20 世纪 20 年代研究出这个著名的公式。作为一名中学物理老师是无法用几句话就解释清楚的，但袁隆平的勤学好问，还是博得了老师的赞扬。为鼓励提问，老师举了个例子，简单解释这个问题："比如 1 公斤（1 公斤 =1 千克）煤，完全燃烧后能释放出 8000 千卡（1 千卡 =4.186 千焦）能量，可以将 80 公斤 0℃ 的冷水烧到 100℃。如若将它的全部能量释放出来的话，可达 21.6 万亿千卡，这相当于一个城市几年所消耗的电力总和。至于如何才能够全部释放出这巨大的能量，还有待于今后科学技术的发展与研究⋯⋯"

物理老师耐心精彩的讲解，使袁隆平豁然开朗，思绪万千。他不仅对爱因斯坦的方程式有了一些理解，更是对物理这门功课产生了浓厚的兴趣，这也为他日后的科研工作打下了坚实的基础。

2001 年 2 月 19 日上午，袁隆平在参加首届国家科学技术奖励大会时，与我国著名数学家吴文俊教授一同接受了

第二章 好奇心是科学之母

中央电视台的采访。两人初次见面，却一见如故。在交谈中，两人更是谦逊礼让。吴文俊微笑着对袁隆平说："数学其实最初起源于农业，人们都称您为'杂交水稻之父'，所以，我得向您好好地学习呀！"

袁隆平听后连忙摆了摆手，谦逊地说："岂敢，岂敢。您是数学专家，数学是科学之母呀！我上初中时向老师提问，为什么'负负得正'，直到今天我仍然弄不明白哩！"说到这儿，两人情不自禁地大笑起来，这笑容是那么开怀，那么天真……

从两位科学家身上，我们看到人光有勇于超越的精神是不够的，还要有豁达的生活态度和睿智的处事方式。

淘气的二毛

袁隆平从小活泼好动，几乎对身边的一切都饶有兴趣，好奇心极强。夏日的一天，父亲看到孩子多了，想添置几件像样的家具，便请来了一位木匠师傅。袁隆平见那木匠师傅干活时，常将几颗铁钉衔在嘴边，然后一颗一颗地钉。他觉得挺好玩的，就悄悄地学，也在嘴里衔上一颗铁钉，然后又跑去翻筋斗，一不小心，把铁钉吞进了肚子里。这可把父母亲吓坏了，急得手忙脚乱。幸亏铁钉不大，父亲依照民间偏方给他吃了许多韭菜，第二天果真把铁钉拉了出来，没什么大碍。

冬季的一天，袁隆平觉得肚子有点饿，便在家里到处找东西吃。找了半天，他看到床底下有一个小坛子，里面盛有荞麦粉。他准备拿出来偷着吃，谁知一不小心，将坛子打翻了，白色的荞麦粉弄得他头上、脸上、身上到处都是，活脱脱变成了一个小"雪人"，这回是东西没有吃到，反而挨了一顿打。

袁隆平小时候虽然有些顽皮，但他那一颗好奇、纯朴的童心珍贵无比。正如哈佛大学校长陆登庭所说的那样："如果没有好奇心和纯粹的求知欲为动力，就不可能产生那些对人

第二章 好奇心是科学之母

类和社会具有巨大价值的发明创造。"

袁隆平还有一种迎难而上、不达到目的誓不罢休的顽强精神，在他学习游泳的过程中表现得淋漓尽致。

现在回想起来，命运似乎决定了袁隆平一生都与水有缘！除了他研究的"杂交水稻"之外，他们家多次搬迁，几乎都是从一个有水的地方搬到另一个有水的地方。这让袁隆平从小就喜欢游泳，这个爱好也伴随他一生。

盛夏，素有"火炉"之称的重庆热得发了狂，无声的热气在大地上蒸腾，烘得人喘不过气来，就连小狗也总是热得趴在地上，伸出长长的舌头。

二毛放学之后常跑到龙门浩的江边去戏水。刚开始，二毛的水性也不太好，便跟着别的孩子学简单的狗爬式，有时稍不留神就会被江水呛着，可他从没打过退堂鼓。他知道，学习任何一样东西，只要不是从娘肚子里带来天生就会的，都要靠后天的努力拼搏才行。

二毛从小骨子里就有着一种倔强的性格。他总感到自己的泳技与老船工相比还差得远，总嫌自己游的速度还不够快，万一以后自己也遇到落水者，仅凭现在的能力怎么去救人呢？于是，二毛开始学习自由泳，在体育老师的帮助指导下，一个动作一个动作地分解练习，先是站立做双臂交叉的划水动作，然后再到水中练双脚上下打水动作，1次、2次、3次……50次、100次……回到家中，二毛有时躺在床上练，或者趴在板凳上练双手划水和腿部摆动。待掌握一定的基本要领后，他再到水中进行综合练习，划水、摆臂、打水、呼吸、转身……

功夫不负有心人，一个暑假的辛勤与汗水，二毛收获了一份沉甸甸的果实。如今，他可以在水中像鱼儿一样轻盈舒展，前进速度比过去快了许多。与此同时，他还学会了蛙泳、仰泳等几种泳姿，与其他的同学相比，他简直成了"浪里白条"。

有一天下午，父亲袁兴烈拿着望远镜在观察日军飞机空袭过后的江面情况。突然，他发现龙门浩江边有两个黑点在移动，再仔细一看，竟是自己的两个儿子在江中游泳。于是，他连忙跑到江边，大声呼喊，将二毛、四毛叫上岸来。

父亲非常生气，责怪地问："二毛，你怎么不好好地念书，还带四毛到这里来游泳？"

二毛嘟着个嘴说："现在飞机经常空袭，学校无法正常上课，还不如来这儿游游泳，锻炼锻炼身体。"

父亲提高了嗓门："你不知道在这儿游泳有多危险吗？"

二毛不服地反问道："现在日本鬼子侵略中国，哪儿不危险哩？"

父亲显然有些火了，说："你明知四毛的水性不好，为什么还要带他来游呢？"

"他水性差，不是更需要学习吗？"二毛看到父亲表情挺严肃的，便赶紧低下了头，说："两个人一起游胆子会更大一些，还可以相互照应。"

父亲气不打一处来。他把两个孩子带回家里，按家规痛打了二毛一顿，还罚跪，罚背书写字，然后才允许他吃晚饭。

母亲是一个心软的人，平时遇到这样的情况，她总会为孩子们说话，护着孩子们。可这一次，她见丈夫真的动了肝火，也只好坐在一旁默不作声。稍后，父亲因有急事出去了，母亲忙到厨房给二毛煎了两个荷包蛋，喃喃地说："二毛，你爸今天发这么大的火，都是为了你好。他是爱你，怕你出事哩！你要好好地读书，长大了才会有出息。"

二毛听到这话，慢慢地将荷包蛋一口一口地咽了下去，然后抹了一把眼泪，默默地点了点头……

袁隆平钟情于水，钟情于江河湖海，经过一段时间的苦练，小小年纪就有了极好的水性。有一次，他竟然有胆量去横渡长江，令老师和同学们赞不绝口。袁隆平知道，海燕只有经历过大风大浪的洗礼，才能自由飞翔！

到中流击水

1946 年 6 月，袁隆平一家人又随着父亲工作的变动，从重庆迁回了汉口，袁隆平也随之转入了汉口的博学中学（现为武汉市第四中学）。

在战火纷飞的艰难岁月里，因物资紧缺，供应匮乏，袁隆平在这里的生活非常艰苦，穿的是破长袍，吃的是杂粮饭，点的是桐油灯，睡的是硬板床，要过半个月才能打一次"牙祭"。学校的管理也非常严格，早晨 6 点钟准时起床，同学们10 分钟内就得洗漱完毕，然后赶到学校操场集合做广播操。学习和生活紧张而有规律，似乎有点军校的管理方式，这无疑培养了袁隆平严谨守纪、办事利落、坦荡豁达的良好品行。

博学中学对学生英语课程的要求是非常严格的，其他功课如果不及格可以补考，但英语不及格就必须留级。好在孩童时代，良好的家庭教育使袁隆平受益匪浅。那时父亲教他国文，母亲启蒙英语，这使他逐渐对英语产生了浓厚的兴趣。

他的英语成绩一直名列前茅。袁隆平曾感慨地说："现在，我之所以能够在各种国际学术活动中，非常熟练地用英语与专家们进行交流，与在博中母校打下了良好的英语基础

第二章　好奇心是科学之母

是分不开的。"

1947 年夏季，湖北省要举行游泳比赛。5 月下旬，武汉市各区就开始选拔游泳运动员。当时，年仅 17 岁的袁隆平只是高中一年级的学生，因为他多年来一直喜爱游泳，便跃跃欲试。

袁隆平毛遂自荐找到体育老师要求参加选拔赛。可体育老师瞅了他一眼，见他身体单薄，个子也不是很高，便摇了摇头，说："你想参加游泳比赛我非常高兴，但比赛是要凭实力的，你还是等下次吧！"

在老师那儿碰了一鼻子灰，这让袁隆平很失望，同学们给他出了一个"鬼点子"。清晨，一轮旭日从汉江上冉冉升起，细小的云朵在浅蓝明净的天空里泛起了小小的白浪，晶莹的露珠一滴一滴地洒在草茎和树叶上，仿佛快乐的世界又苏醒过来了。这时，十几名入选参赛的同学每人骑上一辆自行车，兴高采烈地朝汉口游泳选拔赛场而去。袁隆平拿出平时积攒的零花钱，自己买了一套跟参赛同学一样颜色的运动服，坐在参赛同学的自行车后架上，装模作样地混进了赛场。

体育老师是一位很精明的人，他一眼就看出了"混"进来的袁隆平，便走近说："看你热情这么高，既然来了，就试一试吧！"袁隆平原以为会挨老师一顿骂，没想到老师让他参加比赛，这真令他喜出望外。他憋足了劲，参加了这次来之不易的选拔赛。

"砰——"随着一声发令枪响，袁隆平飞身跃入水中，只见他那灵巧有力的身姿在游泳池里如同一条"蛟龙"劈波斩浪，势如破竹。他以熟练的技巧和顽强的毅力，第一个冲到了终点。这次选拔赛，他荣获了汉口赛区男子 100 米自由泳和男子 400 米自由泳比赛两项冠军。

这可把体育老师乐坏了。随后，袁隆平又代表汉口赛区参加了湖北省的游泳比赛。俗话说："初生牛犊不怕虎"。在比赛中，袁隆平敢打敢拼，不畏强手，又获得了湖北省男子 100 米自由泳和男子 400 米自由泳两枚银牌，为博学中学赢得了前所未有的殊荣，也为汉口赛区赢得了荣誉。

当时，一名记者采访袁隆平，问他成功的秘诀是什么。袁隆平淡淡地一笑，说："我们干任何一件事，都需要有决心和毅力，游泳也不例外。"

每当袁隆平回忆起这段往事时都显得非常兴奋，津津乐道："比赛那天，我起得早，因为要和同学们一起赶往赛场，早餐都忘记吃了，否则，我的成绩可能会更好一些。我同参加比赛的同学们回到学校，受到了全校师生的热烈欢迎，还有几个同学一起把我高高举起，然后抛向空中，那情景我记忆犹新。"

因为泳技高超，袁隆平读书期间还曾到成都参加西南联省游泳锦标赛。遗憾的是，他比赛那天拉肚子，最终只获得了第 4 名，而前 3 名都被选入了国家队。我想，正是这意外，让中国少了一名在奥运会赛场上奋勇拼搏的游泳运动员，却多了一位享誉世界的农业科学家。

袁隆平一直非常喜欢毛主席的诗词，对那首《沁园春·长沙》更是赞叹不已，结尾一句"曾记否，到中流击水，浪遏飞舟？"何等意气风发，豪迈非常！

袁隆平常说："毛主席非常喜欢游泳，游泳不仅可以锻炼身体，还可以培养坚韧不拔的意志品质。游泳看似是一件小事，却造就了我一往无前，百折不挠的性格。"是呀，袁隆平无论是在童言无忌的年代，还是在4年的大学生涯；无论是在战火纷飞的岁月，还是在参加工作之后，他始终坚持游泳这项有益于身体和磨炼意志的体育运动。

他大学毕业分配到湖南安江农校工作期间，一有空闲便会跳入那弯弯的沅水，酣畅淋漓地横渡沅江。在海南进行杂交水稻育种繁殖的紧张日子里，在太阳沉入西边的地平线之前，他总要到大海的风浪中去搏击一番。正是凭多年练就的好水性，在重庆的嘉陵江边和湖南的沅江河畔，他曾经多次奋不顾身地救起遇险的同学、同事和落水的少年儿童。他总想着兑现当年自己被船工救起时的承诺，那就是：我也要救更多的人！

袁隆平觉得，人应像一粒健康的种子，身体、精神、情感都要健康，才能帮助别人。他要做那粒健康的种子！

第三章

梦开始的地方

袁隆平坚定地对父亲说："我仔细地考虑了很久，想报考重庆的相辉学院农学系。我唯一的志向就是希望今后能够成为一名农业科学家。"

袁隆平就这样义无反顾地报考了相辉学院农学系，真正地跳进了"农"门。

抉择之路

人的一生，选择很重要，做正确的选择就更加重要。相信许多人都有在升学阶段，面对学校、专业不知所措的经历。毕竟，这是决定人生的一次重要抉择。

盛夏的一个夜晚，天空繁星密布，漫无边际的天空中闪亮的星星多得像是数不尽的种子，银色的月亮勾画出镰刀般的剪影。袁兴烈将妻子华静和儿子隆平叫到身边，共商隆平的大学发展方向。父亲望子成龙，极力主张儿子报考南京的名牌大学。但是，他还是轻声地问："隆平，你打算报考哪所大学？你未来的志向是干什么呢？"

其实这个问题一直萦绕在袁隆平的脑海中，对他来说不难回答。他想起了那段终生难忘，可以说影响了他一生的往事……

有一次，学校组织同学们到郊外的一个园艺场参观。当袁隆平走进花果飘香的园艺场时，他顿时惊呆了：红红的桃子、圆圆的大西瓜、修长的翠竹，还有那青草绿树和七彩花卉，他觉得自己仿佛走进了一个童话般的世界。

他感到大自然充满了神奇和生命的活力，红花绿草的美丽能够点缀大自然，陶冶人们的情操，给生活带来乐趣。那充满无穷奥秘的大自然，就是一部永远读不完的书。然而，花卉的美丽需要园艺师们精心地培育和修整，袁隆平想，中国虽然地大物博，但还是一个比较落后的农业大国，作为中华儿女，我们理应努力探索大自然中蕴藏的奥秘，为人类文明的发展与进步奉献自己的青春年华，这样的人生才是最有意义和价值的！

想到这里，袁隆平坚定地对父亲说："我仔细地考虑了很久，想报考重庆的相辉学院农学系。我唯一的志向就是希望今后能够成为一名农业科学家。"

袁兴烈做梦也没想到儿子会选择学农这条路，这太出乎他的意料了。他心里像是打翻了"五味瓶"，很不是滋味，便冲着儿子说："如今是重文重理的社会，你却要去学农，这能有出息吗？能光宗耀祖吗？"

袁隆平有些不服气："我们家祖祖辈辈过去不都是务农的吗？"

"你——"父亲气得头上青筋直往外凸。

这时，坐在旁边的母亲华静见父子俩争执不下，便走过来对儿子说："隆平，其实爸爸都是为你好，希望你能够考上南京的名牌大学，将来能继续留在我们身边。俗话说'可怜天下父母心'。爸爸的意见你还是应该好好地考虑一下。"然后，她转过身来对丈夫说："不过，我觉得隆平的选择也不错。古人云'皇天后土，衣食父母'。中国几亿人都要吃饭嘛，儿子立志学农说不定将来会有大出息哩！"

父亲袁兴烈不仅才华横溢，而且颇具民主意识，这在当时是非常难得的。他知道隆平性格倔强，只要是他认准的事就算是九头牛也拉不回，加上妻子的一番话也确实说得在理，无奈之下，他只好同意了儿子的选择。

袁隆平就这样义无反顾地报考了相辉学院农学系，真正地跳进了"农"门。

校园里悠扬的琴声

1949 年 8 月，袁隆平依依不舍地告别了养育自己 20 年的父母，只身来到了他日夜向往的重庆相辉学院所在地北碚夏坝。

夏坝离当时重庆市区 50 多千米，交通不便，周围人烟稀少，与喧闹的城市氛围截然不同。不过，这里地处嘉陵江畔，烟波浩渺，山色倒映，风光旖旎，气候宜人，既是一个具有文化渊源和历史意义的地方，也是一个潜心读书的清静处。

相辉学院是一所师资力量相当雄厚的高等学府。抗日战争期间，上海复旦大学曾西迁到北碚夏坝，抗战胜利后，复旦大学回迁上海。当时，一部分留在重庆的校友在此地筹办一所新学校，校名就从复旦大学创始人马相伯和校长李登辉的名字中各取一字，相辉学院由此得名。

1950 年，全国高等院校进行了调整，将相辉学院和其他高等院校的农科等系合并，成立了一所新型的农业高等学府——西南农学院。

在大学学习期间，袁隆平喜欢看书，爱逛书店，还特别喜欢购买外文杂志。在图书馆里，他经常啃着冷馒头埋头阅读英文和俄文书籍。同时，他也特别喜欢搜集各种学术资料，尤其注意从当时遗传学的两大流派——西方的孟德尔、摩尔根学派和苏联李森科学派的理论中探究它们的特点与不同，再自己去感悟、去分析……

袁隆平不仅学习非常刻苦，而且爱好也十分广泛，这是许多人没有想到的。他喜欢唱歌、拉小提琴，还喜欢打排球，他的课余生活安排得丰富多彩。说起拉小提琴，他还有一段有趣的小故事哩！

一天，袁隆平在寝室里与几位同学聊天，正聊到兴头上，忽然一阵悠扬的琴声从窗外飘来，那旋律优美之极，令人如痴如醉。袁隆平蓦地站了起来，一个箭步朝隔壁房间跑去。他用力推开房门，只见一位男生站立窗前，在全神贯注地拉着小提琴：他左手自然地按弦，右手左右娴熟地运弓。那优美的姿态，轻盈的动作，古典的旋律都令袁隆平羡慕不已。

袁隆平如遇知音，完全被那悠扬的琴声所折服。于是，他非常诚恳地要拜这位同学为师，那同学见他一片真心便欣然应允，两人也很快成了好朋友。从那天起，袁隆平把父母亲寄来的零花钱全都省下来，足足攒了几个月，才买了一把廉价的小提琴。课余时间，他经常跟那位同学学曲谱、学拉琴。袁隆平悟性特别好，练琴也格外认真，所以琴技进步神速。在当年系里举行的新年晚会上，他和那位同学共同演奏了一曲小提琴二重奏，博得了师生们的阵阵掌声……

1950 年 6 月 25 日，朝鲜战争爆发，战火烧到了中国的鸭绿江边。在这威胁国家安危的紧要关头，袁隆平怀着保家卫国的信念，同许多同学一道决心投笔从戎，毅然报名参军。

人的命运有时真是难以捉摸。袁隆平经体检合格后，成了西南农学院被录取的8名空军飞行员之一。为此，他欣喜若狂，高兴得晚上都睡不着觉。可就在他们整装待发之际，学院突然接到国务院的决定：国家急需要一批大学生参加地方经济建设，这次报名参军的大学生一律留校继续深造。尽管袁隆平这次保家卫国的梦想未能实现，但他始终怀着一腔热血，时刻听从祖国召唤。

人的一生总会错过许多机遇，关键是别虚度年华，别辜负自己，总有一天，你会感恩自己走过的泥泞。袁隆平正是这样，通过自己努力和付出，最终在将来的某一天，收获硕果。

走进湘西

　　时光如嘉陵江水滚滚向前，袁隆平也完成了4年的大学课程。1953年夏季，毕业之后到哪里去？袁隆平面临着又一次选择。他认为，决定命运的不是机遇，而是选择，这是自己走向社会的重要一步。

　　袁隆平其实是一个非常眷恋故乡的人，就像鱼儿眷恋着它的一方池塘。他早已将重庆当作了他的第二故乡，从小学到大学的十几个春秋，他爱上了龙门浩的青石板街，忘不了孩提时老师教他识字、摹帖；水流湍急的嘉陵江更是哺育他成长。他曾经畅游嘉陵水，搏击长江浪，这磨炼了他坚强的意志和百折不挠的拼搏精神。他是多么希望自己能够留在重庆的科研院所工作啊！但他转念一想，个人的追求与梦想只有与祖国的前途命运联系在一块，才能真正实现人生的价值。经过一番激烈的思想斗争，他做出了一个慎重的决定：那就是积极响应国家的号召，服从分配，到祖国最需要的地方去，到最艰苦的地方去！

　　袁隆平和同学们唱起了那首激情高昂的《毕业歌》：

　　　　同学们，大家起来！

担负起天下的兴亡！

听吧！满耳是大众的嗟伤；

看吧！一年年国土的沦丧。

我们是要选择战，还是降？

我们要做主人去拼死在疆场，

我们不愿做奴隶而青云直上！

我们今天是桃李芬芳，

明天是社会的栋梁；

我们今天是弦歌在一堂，

明天要掀起民族自救的巨浪！

巨浪，巨浪，不断地增长！

同学们！同学们！

快拿出力量，

担负起天下的兴亡！

随后，袁隆平所在班的 30 多名同学被陆陆续续分配到了全国各地的十几个省市，有的还欣然去了新疆等边远地区。离开学院的时候，师生们依依不舍，同学们紧紧地拥抱在一起痛哭流泪，大伙儿三步一回头，五步一沉思，直到西南农学院朦胧的轮廓从视线中慢慢地消失……

别了，母校！再见了，重庆！

当袁隆平拿着学院的毕业分配通知书，赶往湖南省农业厅报到时。农业厅对新分配来的大学生早就做好了安排，他被分配到湖南最偏僻的湘西雪峰山麓的安江农校教书。这对于一个长期生活在大城市里的年轻人来说，该是多么不容易呀！

雪峰山巍峨起伏，因山顶常年积雪而得名。山脚下居住着土家族、苗族、侗族、瑶族等少数民族居民。自古以来，这里交通闭塞，自然条件恶劣，是封建王朝失意官员贬谪、充军的地方。

袁隆平却说："我就是一粒种子，只要撒在土地上就会生根发芽……"

安江农校距黔阳县城安江镇约4千米路程，这里群山环抱，湍急的沅江水穿过峡谷，从山脚蜿蜒流过。江边古松翠柏之中有几栋破旧的房屋，这便是已有几百年历史的湘西古刹"圣觉寺"。新中国成立后，当地政府将寺院稍加整修，兴办起了一所中等农业技术学校——安江农校。

在那样一个贫乏的年代，再加上这儿又是闭塞的山区，农校的教室和宿舍都十分简陋，条件之艰苦可想而知。袁隆平被安排住进了一间老屋，土墙、木梁、泥地，旧门窗四处透风，老桌椅破烂不堪。所幸的是，袁隆平不是那种对生活很挑剔的人，他随遇而安，适应环境的能力极强。

袁隆平胸怀坦荡，反倒觉得这里是一个幽静的地方，特别适合看书学习。他知道，知识殿堂的大门始终对那些勤奋好学的人敞开着，学习更是通向成功的必由之路。

宁静的秋夜，天空悬着一轮皓月，深蓝色的天际呈现出一种深邃的意境，晶莹的星星闪烁着醉人的亮光，周围的草丛中，蝈蝈、蟋蟀发出唧唧的声音。袁隆平走出屋子，走在一条弯曲的石径小路上，那潺潺流动的沅江水，那散发着馨香气味的野花和树叶，那清新的空气，使这个寻常的夜晚显得分外迷人。此刻，他不禁想起了西南农学院那些辛勤耕耘的老师，想起了同窗四载现已各奔东西的同学。他甚至想到眼前这条凹凸不平的崎岖山路，不正书写着他的人生轨迹吗？

鲁迅先生曾说过："世上本没有路，走的人多了，也便成了路。"人生道路该怎样走？要靠自己来选择。别人走过的路，你可以重复走。但是，你也可以选择一条别人没有走过的路，当然，这样的路也许充满着荆棘和曲折，但如果方向对了，说不定那是一条通往理想世界的光明之路！

夜深了，袁隆平躺在床上久久不能入睡，他思念远方慈祥的父母，想起了当年母亲教他背诵的那篇千古雄文《岳阳楼记》。此刻，他的思绪一下子展开了翅膀：湖南，这片神奇的沃土，不正是孕育了"先天下之忧而忧，后天下之乐而乐"的地方吗？北宋文学家范仲淹所描绘的是一种典型的东方式的忧患意识和思想境界，其崇高的追求，在中华大地世代传承，生生不息。

的确，在每个人的生命旅途中，谁也不知道前方会遇到什么，或许是一场夏日的暴风雨，或许是一个梦中的桃花源。人生就是一路探索，一路成长。只要出发了，就不留遗憾，就会更接近心中的梦想！

田野是最好的课堂

有伟大梦想才有伟大追求，人类创造的许多奇迹往往是从梦想开始的。

袁隆平曾说："俗话说人是铁饭是钢，没有吃的真是饿得慌啊！千百年来粮食问题一直困扰着人类。我是学农的，真想让中国人都有饭吃，让世界上的人都有饭吃呀！"

教室里长不出稻谷

　　袁隆平思维敏捷，充满施展才华、实现抱负的志向和热情。令他所料不及的是，安江农校的领导当时并没有根据他所学专业安排教学，而是将他分到了文史教研组。当时，因缺少俄语教师，学校便安排他教俄语。对此，他有些纳闷：自己是学农的，现在却去教俄语，似乎有点风马牛不相及，哪怕是教英语也多少会好一点，因为自己的英语基础还不错。但他转念一想，既然学校已经决定了，自己就迎接挑战吧。

　　作为一名新来的老师，袁隆平当然知道上好第一堂课非常重要，因为它会给学生们留下比较深刻的印象。为此，他查阅了大量的资料，并做了精心的准备，甚至连俄文字母发音都力求准确无误。学生们睁大双眼认真地听着，既没有喧哗声，也没有人做小动作，有的只是学生们偶尔发自内心的笑声……课后，学生们普遍反映，新来的俄语老师"板书工整，发音准确，重点突出，形象生动"，他的课倍受学生们的青睐。

　　袁隆平的教学方式确实有点与众不同，为激发同学们学习俄语的兴趣，他规定课堂上必须用俄语回答简短提问，课余时间他教同学们唱俄语歌曲，还鼓励大家与苏联同类学校

第四章
田野是最好的课堂

049

的同学保持通信联系，从而极大地丰富了教学内容，巩固了学生在课堂上所学语法，效果颇佳。

和蔼可亲的态度，是袁隆平良好教学的保障。袁隆平性格随和，喜欢与同学们打成一片。有时一下课，学生们就围在他身边，听他讲一些有趣的故事。其中有些故事，是他小时候听母亲讲过的。他爱这些大山沟里的孩子，孩子们也喜欢上了这位知识渊博的"袁老师"。

袁隆平是一个追求完美的人，他知道，在知识的海洋里，再渊博的教师也应当是谦虚的学生。为了教学与科研，他尽量挤出时间自学俄语和英语，不断提高自己听、写、阅、读的能力。直到后来，他可以不带字典阅读英、俄文专业杂志和资料，成了全校第一个外语考试达标的专业教师。他常常用现身说法来鼓励同学们要努力学好外语。在他看来，一个人如果能够多掌握一门外语，就等于多开启了一扇知识的大门。

仅过了半年，学校领导觉得袁隆平是一位极有责任心的好老师，课讲得好，同学们也爱听，便将他调到了遗传育种教研组，专门负责给学生们讲授植物学、农作物栽培和遗传育种等农业基础课程。为此，他高兴得一个晚上都没有睡好，也正是从那时候起，他才真正干起了自己的老本行。

袁隆平为了让学生们能听懂每一堂课，备课时总是设身处地地为同学们着想。普通植物学是农学基础课程之一，对学生们所提出的一些问题，他都力求回答准确。有时，他觉得自己对个别问题解答得不够精准，便暗下苦功，首先从构成植物体的基本单位——细胞的构造入手，再到根、茎、叶、花、果的外部形态，以及植物的生物特性和遗传特性等等，进行周密细致的研究。为了在显微镜下仔细地观察细胞壁、细胞质和细胞核的微观构造，他刻苦磨炼徒手切片技术，10 次，100 次，1000 次……直到在显微镜下得到满意的实验结果才肯罢休。他热爱自己的工作到了痴迷的程度，经常废寝忘食忙到凌晨一两点钟才离开实验室。

当时，学校的设备、资料、经费等都很缺乏，他就领着同学们一边充分利用现有的条件进行实验，一边走出学校，到农村进行社会实践活动，向农民学习，把社会当作大课堂，启发同学们去思考、去探索……

"教室里是长不出稻谷的。"这是袁隆平经常说的一句话。

春天，大地散发着芳香的气息，绿色的秧苗仿佛使人看到了生命的跳跃。袁隆平带着学生与农民兄弟一块劳作，犁田、播种、育苗、插秧、锄草……干得热火朝天，这个在大城市里长大的青年，俨然成了一个地地道道的农民。

秋天，一丘丘稻田如同耀眼的黄地毯，从路边延伸到半山腰。天刚蒙蒙亮，袁隆平就和他的学生们来到田间地头，挥动着镰刀割稻穗。在烈日下他们热得喘不过气来，仍坚持到太阳落山才收工。一整天下来，虽说个个累得筋疲力尽，可大伙儿脸上都挂着喜悦的微笑。

袁隆平有一颗天真烂漫的童心，爱讲故事，说话幽默，兴趣广泛，因此，他很快便走进了同学们的心里。他对湘西的民俗风情也非常感兴趣，偶尔会叫上几个当地的学生一道，利用节假日到土家族、苗族人家里去做客，喝喝米酒、吃吃油炸粑粑，穿土家族、苗族服饰，亲身感受一下湘西纯朴的民风。

湘西的冬天，田野显得特别空旷，寒冷的北风毫无阻挡地呼啸而过，就连村口的许多稻草堆都被风吹得四处翻飞。气温有时降到零下几摄氏度，屋檐下都结了冰。许多学生因为家境贫寒没有棉袄穿，一个个冻得嘴唇发紫，浑身打哆嗦。袁隆平看了心里很不是滋味，他跑到宿舍翻箱倒柜，找出几件绒衣、绒裤和稍微厚一点儿的衣服，叫孩子们穿上。同学们接过袁老师递过来的衣服，顿时眼睛湿润了，只觉得心里热乎乎的，也不知道说什么好。

一个周末的夜晚，袁隆平拖着疲惫的身体从实验室回到宿舍，他将书本放在床头，顺势躺在了床上。他刚要闭上眼睛，突然桌子上的一个大玻璃瓶吸引住了他的视线，他立即站了起来，小心翼翼地捧起瓶子一看，里面是腌制的酱萝卜干。瓶子底下还压着一张半折着的小纸条，上面写着这样一行字："袁老师，您辛苦了！您是我们的好老师。"

尽管没有留下姓名，尽管仅是只字片语，但此刻的袁隆平心里有说不出的感动。他双手颤抖地捧着这个普普通通的玻璃瓶，泪水在眼中不停地打转，只觉得浑身的血液在往上涌，心跳也在加快……这哪里是一瓶普通的酱萝卜菜，这是山里学生们的一片真心呀！

选择农学，也就意味着选择了辛苦，因为它不同于一般科学，既是殚精竭虑的脑力劳动，也是高强度的体力劳动。因此，他不满足于在课堂上向学生们讲授农业科学知识，还常常带同学们去田间地头，让他们在实践中观察、思考、劳动，从而获得第一手资料。他因长年在田间做试验，皮肤被太阳晒得黝黑，活脱脱一个非洲黑人的模样，还因此得了一个雅号"刚果布"，他那充满自信和乐观的笑容，也被称为"刚果布式的笑容"。

在湘西偏僻的山区，勤劳的农民牵着水牛，拖着原始的犁耙，在层层梯田上耕耘、播种，他们日出而作，日落而息，一代一代在这片土地上繁衍生息。在大饥荒的年代里，绝大多数的农民吃不饱肚子，只能靠野菜和草根充饥，挨饿的人肚皮像是贴着后背，四肢无力，不少地方还发生了饿死人的悲剧。

一天，袁隆平同李纪春老师一块去黔阳县牛婆冲参加劳动。收工回来的路上，袁隆平感到实在有点饿了，便到路边的小摊子上买了一碗萝卜菜汤喝。他深有感触地说："老李呀，俗话说人是铁饭是钢，没有吃的真是饿得慌啊！千百年来粮食问题一直困扰着人类，我是学农的，真想让中国人都有饭吃，让世界上的人都有饭吃呀！"

探索是成功的阶梯

　　有伟大梦想才有伟大追求，人类创造的许多奇迹往往是从梦想开始的。袁隆平利用教学的空闲，开始设计自己的科研课题。他私下向李纪春老师透露，首先想搞红薯嫁接试验，如若进展顺利，紧接着就进行水稻的高产研究。最初，他按照"无性杂交"理论，尝试对红薯进行无性杂交、营养培植、环境影响等试验。校领导十分开明，从人力、物力、财力等方面支持他，这使得他的干劲更足了。

　　袁隆平在试验中把"月光花"嫁接到红薯之上，希望地下能长出红薯，藤上的月光花也能够结出籽，作为来年繁殖下一代的种子，从而提高作物的产量。到了夏天，他嫁接的作物果然长势良好，只可惜月光花与红薯的生长期不完全同步。怎么办？他灵机一动，为了让月光花在短光照下能尽早结出籽来，他将自己床铺上仅有的床单扯下来，然后用墨水将床单染黑，拿来给试验的作物遮光。在那个物资贫乏的年代里，许多人都摇着头说他有点傻气，他却毫不介意，只是一门心思搞他的研究。

　　1958 年深秋，袁隆平苦心研究的"月光花红薯"获得了丰硕的成果，其中最大的一蔸"红薯王"重达 13.5 千克，而且藤上也同时结出了种子。在那个年代，有些地方大吹大擂，谎报业绩，而袁隆平的这颗"高产卫星"确实是货真价实的。

他又试图将西红柿嫁接到马铃薯上，期望茎上能结满西红柿，地下也能长出马铃薯。他还突发奇想，将西瓜嫁接到南瓜上，希望能得到一个新型的瓜种。待试验结果出来之后，许多人都跑到试验田里来看稀奇，这还成了当时报纸上一条引人注目的新闻。袁隆平为安江农校争了光，校领导特别推荐他去参加在湖南武冈县（现武冈市）召开的全国农民育种家现场会。

第二年，袁隆平继续用月光花结的"红薯种子"播种，然而，奇迹再没有出现，长出来的依然只有月光花，地里没能长出红薯。同时，他煞费苦心的其他试验，诸如西红柿嫁接到马铃薯上，西瓜嫁接到南瓜上等，虽然都长出了"三不像"的植物，但正如他所担心的那样，嫁接出来的种子不能把上一代的优良性状遗传下来。这次试验宣告失败，这使袁隆平陷入了痛苦的反思之中。

袁隆平带着"遗传性状的物质基础到底是什么""无性杂交为什么不能遗传"等一连串问题，开始了对遗传理论的探索。然而，探索是需要勇气和意志的。他既要研究米丘林和李森科的理论，又要钻研孟德尔和摩尔根的学说，同时还要研究达尔文的生物进化论。他将这些理论进行对比与分析，希望能从中寻找到一条属于自己的正确之路。这条路不知是荆棘之路还是坦荡之路，也不知是风雨之路还是阳光之路。

别看袁隆平在穿着和生活上很节俭，买起书来却从不吝啬。有一次他出差到长沙，买了几本介绍美国生物学家比德尔同塔特姆合作进行遗传研究、孟德尔与摩尔根遗传学的英文杂志。回到学校后，他几乎将自己的业余时间全都泡在了书本里。他埋头研读，并做了大量的读书笔记，充分吸取前人的经验，借鉴国外科学家的理论成果，好让自己的科研少走一些弯路。

一些所谓的理论权威人士将孟德尔、摩尔根学说斥之为"反动的、唯心的"学说。袁隆平治学严谨又富有挑战精神，他从不随波逐流，而是希望通过冷静思考寻找正确的答案。他认为，科学学派之间的争论，不能简单地与政治问题等同起来，更不能附和于任何权威。世界是变化的，任何事物都不是一成不变的，唯有进行独立思考、认真研究和分析，找出其规律，这才是对待科学的态度，而态度往往决定成败。

希腊伟大的哲学家苏格拉底总是引导人们在实践中去认识自我，追求一种智慧的生活，告诫人们要学会用自己的头脑思考，学会怀疑权威。袁隆平既重视科学理论的学习，又积极投身社会实践。所以，他总是能够及时地摆脱传统观念的枷锁，寻找到一条新的路径。

有一件事，在别人看来是微不足道的，可对袁隆平来说却刻骨铭心。那是一次下乡支农，他在夜校认认真真地给农民兄弟们讲授"红薯育种和栽培技术"，没想到来听课的农民却寥寥无几，而另一位教师讲授的"水稻的高产栽培技术"却很受欢迎，教室里不仅挤满了人，气氛还非常活跃。当他百思不得其解时，一位老农一语道破了天机："袁老师，你的课讲得很好，可稻米是主食，红薯只是杂粮。再说，红薯吃了也不经饿，吃多了还有点反胃，所以……"

一位姓向的农民对他说："袁老师，俗话说'施肥不如勤换种'，你是搞科研的，如果你能研究出亩产达 400 公斤或者 500 公斤，甚至更高产量的新稻种，我们就可以告别饥荒，种田人就可以吃饱饭啦！"

的确，粮食作物是人类赖以生存的基础。

就是这样一件小事，把袁隆平给惊醒了，他立刻从自己钻研了多年的小圈子里跳了出来。如果说，过去的袁隆平作为米丘林、李森科学说的信奉者，在课堂上还只能偷偷地讲一点孟德尔、摩尔根遗传学的基本概念的话，那么，现在的袁隆平已经逐渐转变成为孟德尔、摩尔根遗传学说的忠实实践者了。

袁隆平走出"无性育种"的误区，选择了已彰显无限生命力的现代遗传学，并将水稻作为主攻方向，踏上了一条崎岖的探索之路。他相信，成功的阶梯永远铺在勇于探索者的脚下。

今生无悔

　　四月的天，孩儿的脸，真是说变就变。刚才还是晴朗的天，突然便下起了沥沥细雨。当人们纷纷从劳作的田间往家里赶时，袁隆平却选择了相反的方向，他撑开那把破旧的黄油纸伞，匆匆忙忙地向试验田奔去。因为，他要在雨中观察秧苗每一个细小的变化，记录秧苗每一天的生长情况。傍晚，当他满身泥水回到简陋的单身宿舍时，才感到肚子实在有点饿了。早已筋疲力尽的他又懒得做饭，仅把外面的衣裤一脱便倒在了床上。此刻，他轻轻地叹了口气，想到他的同学大都已经结婚，有的还有了孩子，而自己都快30岁了还是孑然一身。父母亲也为他着急呀！

　　生活最会捉弄人。别看袁隆平总是笑着说"不着急，慢慢来"，可单身汉的生活也有寂寞和烦恼。曾经，一位热心的男教师主动给他介绍对象。袁隆平刚一下课，那位男教师便走近催促道："袁老师，你赶紧回宿舍洗把脸，把胡子刮一刮，再换一件像样点的衣服。第一次见面，给人家一个好印象嘛。"

　　袁隆平却满不在乎地说："搞那么复杂干什么？是去看人，又不是去看衣服。"

"你呀！"男教师无奈地摇了摇头，笑着说，"真拿你没办法。"

他二人与那位身材苗条、亭亭玉立的姑娘见面了。还真巧，她真的相中了。他们之间的交流轻松愉快，充满着欢乐的气氛，真可谓"相见恨晚"。

没想到的是，那姑娘相中的并不是袁隆平，而是那位衣着整洁、谈吐大方的男教师。没过多久，男教师与那位姑娘手挽着手一起走进了爱情的殿堂。

傍晚，寂静的校园里忽然传来一阵悠扬的琴声，不同的是，那曲子由《梦幻曲》变成了《梁祝》。刚开始，人们还不知道这琴声来自何处，久而久之，人们便熟悉了多才多艺的青年教师袁隆平，大伙都被他那优美动听的琴声所陶醉、所吸引。这其中，有一位年轻漂亮的女学生更是被他的琴声拨动了心弦。

这位姑娘叫邓则，是袁隆平的学生，她品学兼优，尤其爱好文艺和体育，曾经担任过学校女子篮球队的队长。才貌出众的她，1959 年从安江农校毕业后，被分配到黔阳县两路口农技站，专门从事农业技术的推广普及工作。

1963 年隆冬，邓则非常高兴地来到黔阳地区（现怀化市）农业局参观学习，碰巧遇上了两位老同学谢万安和王业甫。在交谈中得知邓则还未结婚，王业甫马上就想到了仍在打光棍的袁老师。当年读书时，他就非常崇拜袁老师，连自己的发型、穿着都要模仿袁老师。此刻，他灵机一动，半开玩笑地说："俗话说'男大当婚，女大当嫁'。邓则，你也该成个家啦！"

"如果没有合适的，还不如一个人过自在些。"她的口吻带着几分冷静。

"我们想给你介绍一个人，你肯定会满意的。"谢万安心直口快地说。

邓则有些腼腆地问："谁呀？"

"袁隆平老师——"谢万安故意把话音拖得很长地逗她。

也许是太突然了的缘故，邓则听后脸颊飞起两朵醉人的红晕，羞答答地低下了头，她暗自思忖：袁老师教过自己的遗传育种课，还经常带我们到沅江去游泳，小提琴也拉得非常好，特别是他朴实憨厚，知识渊博，幽默风趣，拥有一颗不泯的童心……

还没等她回答，王业甫又在一旁开腔了："邓则，你好好地考虑考虑，我们是熟悉袁老师的，同时也了解你。如果你俩能志同道合地走到一起，那还真是一种缘分哩！"

在两位老同学真心诚意的"撮合"下，邓则的心中激起了爱情的火花，经过慎重考虑，她羞怯地点头应许了。

旋即，谢万安和王业甫马上找到了袁隆平老师，告诉了他邓则的近况，催促他尽快向她射出"丘比特之箭"。袁隆平听后也十分开心，可嘴里说出的却是另一番话："这事儿是'心急吃不了热豆腐'，急不得的。许多事情都可以高效率，快节奏，唯有人与人之间的感情不能速成。"

谢万安微笑着说:"袁老师,您的年纪也不小啦,依我看,还是抓紧一点为好。"

"是呀。"王业甫显然有些急了,"袁老师,我看事不宜迟,还是趁热打铁吧!"

袁隆平心里美滋滋的,摇了摇头笑着说:"真拿你们没办法,既然如此,那就只好删繁就简啦!"

……

缘分也好,天意也罢,袁隆平与邓则爱情的帷幕就这样慢慢地拉开了。

第一次见面,两位大男大女就像是遇到了知己,少了许多客套,谈得非常投机,桌上清茶一杯,一聊就是大半天。

邓则身材匀称,细眉大眼,嘴角有一对迷人的酒窝。她脸上那甜美的笑容,优美的身姿,让袁隆平联想到了那亭亭玉立的兰花。袁隆平惊叹她怎么出落得这般清新脱俗,这般娴静。他从心底认定了她将是自己生活中永远的伴侣,一生的牵挂。

在邓则眼中,她所敬佩的袁老师中等身材,平头短发,浓眉下嵌着一双明亮的眼睛,尽管穿着朴素但浑身洋溢着青春的活力,给人一种正直、果敢、稳重的感觉。她的心头涌动着爱情的甜蜜和少女的柔情。

1964 年春节临近,袁隆平打算回家探望父母,他已经有两年多没回家与亲人们团圆了。没想到,他正要准备东西动身,却被曹延科老师拦住了。曹老师告诉他,正月初五,黔阳地区举行职工业余篮球比赛，邓则将代表黔阳县女子篮球队参加比赛。因最近连续几天下大雪，县城又没有室内球场，所以选择了安江农校的大礼堂作为比赛场馆，农校的体育教师李代举担任裁判长。

"邓则怎么没跟我提起过这事？"袁隆平有些不解地问。

"比赛场地是临时改的。"曹延科连忙解释道，"再说，她每天都在训练，哪有空跟你联系。"

"哦。原来是这样，怪不得……"

曹延科马上打断了他的话："袁老师，这是天赐良机，你们也老大不小了，借这个机会顺便把婚事办了算啦！"

"你们怎么比我还着急呢？"袁隆平有点不好意思地说，"这事我还没同邓则商量过，是不是太仓促了一点。"

"这好办，邓则那边的工作我来做，你这边稍微做一点准备就行了。"

春节刚过，当人们还沉浸在吉庆、祥和的团圆气氛之中时，许多球队为取得好的成绩，都陆陆续续来到农校热身，以便尽快适应场地。曹延科真是一位热心的"红娘"，他趁邓则练球的空隙，邀请她到袁隆平的宿舍休息。她一进门，曹老师又是沏茶，又是剥橘子，过分的热情反倒让邓则有点不太自在。于是，她起身去找脸盆洗手，找了半天才找到一个破旧的脸盆，边上还有一个小洞，她只好将脸盆歪着洗。再回过头，她看那单人床上的旧蚊帐，也是一边高一边低，顶上还布满了灰尘。书桌上的各类书籍和杂志也是堆得乱七八糟。

天呀！这哪是一个家啊。细心的邓则看在眼里，疼在心上。

曹延科老师忙着张罗，一个劲地劝她吃这吃那，没注意到她的心理变化。待她坐定后，曹老师开门见山地说："邓则，我看你同袁老师年纪都不小了，经过一段时间的接触，彼此都比较了解。如果你同意的话，是不是趁这个机会把你们的婚事给办啦？"

邓则想得走了神，听完曹老师的话，她只是"嗯嗯"地应了两声。她这时想到的是，可敬可爱的袁老师身边多么需要一个贤淑女人的照料和帮助啊！

她的回答，令曹老师喜出望外，他连忙去找李代举裁判长商量，看能否巧妙地安排比赛场次，确保婚礼与比赛两不误。之后，曹老师又陪袁隆平和邓则到镇政府打结婚证明。

回来的路上，他们有说有笑，非常开心。不经意间，袁隆平发现邓则一直穿着一身红色球衣。他想，如今人家结婚证都同我领了，而我却连一件像样的结婚礼物也没给她买，真是太疏忽了。于是，他有些不好意思地说："邓则，我们先去商店好不好？我想给你买一件新衣服。"

邓则听了心里一热，但她马上又摇了摇头，说："不要，不要，要买你给自己买一件就行啦！"

曹老师也在一旁插话了："你这个新郎官也别太抠门儿了，是应当给新娘子买一件好点儿的结婚礼物。"

袁隆平一低头，看见邓则仍然穿着一双白色的运动鞋，又说："那我给你买双皮鞋怎么样？"

邓则抿嘴一笑，说："不需要，我有呢。"

曹老师开玩笑地说："袁老师，你真是好福气呀，像这样的媳妇就是打着灯笼也难找！"

听到这话，他俩相视而笑……

接下来的几天，在袁隆平的单身宿舍里，几位热心的同事在高高兴兴地忙进忙出，好不热闹。男教师替他们简单地布置了一下房间，只因当时农校的条件十分简陋，他俩结婚时不仅没有双人床，就连蚊帐也没有，唯独有床被褥是他俩新买的。

1964年2月22日（农历正月初十），这天恰好是星期六。这是一个极为平凡的日子，但对于袁隆平和邓则来说，却是永生难忘的！就在这天晚上，就在袁隆平简陋的宿舍里，他俩举行了简朴的婚礼。婚礼再简单不过了，既没有大一点的房间，也没有一件像样的家具，袁隆平和邓则的结婚照也还没来得及拍。

晚上闹新房时，校长来了，老师们来了，爱热闹的学生们也来了，前来贺喜的人挤了一满屋。曹延科老师花了十几块钱买了几包"沅水"牌香烟和一大堆糖果、橘子。年轻的女体育老师周琼珠送来了一双绣着一对蝴蝶花的平绒布鞋。新郎官袁隆平身穿一件半新的灰色中山服，乐呵呵地招呼大家，新娘邓则身穿一件红色碎花格子上衣，也忙着给大伙发喜糖。在校长热情洋溢的祝福声中，大伙儿一边吃喜糖，一边开玩笑，气氛非常活跃，欢声笑语此起彼伏，热闹非凡。

这时，曹延科老师突然站起身笑着说："大伙都知道，邓则的歌唱得好，袁老师的小提琴拉得好。今晚是他俩的新婚之夜，下面请他俩为我们表演一个节目好不好？"

"好！"大伙儿异口同声地说完后便鼓起了掌。

邓则那绽开的笑靥早已被幸福所充满，只见她有些羞涩地清了清嗓子，然后轻声地唱起了那首经典的《四季歌》："春季到来绿满窗，大姑娘窗下绣鸳鸯……"袁隆平迅速拉起了小提琴给她伴奏。她的歌声清新而悠扬，他的琴声优美而深沉，大伙儿热烈的掌声将新婚之夜的喜悦之情推向了高潮……

大伙儿散去后，夜已经很深了。

正月里的喜庆气息在边远的湘西总是浓浓的。下了几天的雪，清晨的微光将雪白的原野照亮，地平线慢慢地清晰起来，夜幕初落，一切都充满着希望。

邓则穿上球衣和球鞋，准备去参加比赛。袁隆平从床上一跃而起，说："慢点，我看你打球去，帮你呐喊助威。不过，你们要打赢啦！"

"好呀！"邓则说完，两人有说有笑地朝着大礼堂走去……

袁隆平和邓则走在白雪皑皑的旷野里，眼前的一切是那么洁净明朗。万里无云的天空中，成千上万的光点在闪烁飘舞。

袁隆平放慢了脚步，瞧了她一眼，深思了片刻后说："我出生在北方，长大在南方，我从小就喜欢雪。别看雪花是微小的，那成千上万的雪片如果不停地飞舞、飘动、堆积，便会呈现出一个银色的世界。俗话说'瑞雪兆丰年'。今年的雪下得越大，就会冻死更多的害虫，那明年必定又是一个丰收年。"

邓则听后撒娇地说："你就知道丰收，丰收。"

这时，一阵狂风猛地刮来，袁隆平赶紧拥着她向前走去……他好像又想起了什么似的，感慨地说："邓则，在我俩未来漫长的生命旅途中，也许会遇到无数风雪泥泞的日子，也许还会遇到一些意想不到的困难。但无论怎样，我们都要相互关爱，风雨同舟，生死不渝。因为我坚信，走过秋天的泥泞，走过寒冬的风雪，就一定会迎来春天的曙光！"

听到这话，邓则停住了脚步，将头轻轻地靠在了袁隆平的肩膀上，两人的手握得更紧了……

在邓则眼里，袁隆平是一个有血有肉顶天立地的人。他爱父母，爱妻子，爱兄弟，爱同事，爱学生，爱老百姓。他有着农民一样的憨厚，母亲般的慈祥，又有男子汉宽阔的胸襟。有谁能像他那样，一个在大城市里长大的知识分子，在这偏远落后的穷山沟里执掌教鞭？又有谁能像他那样，为人类告别饥饿奉献自己的青春年华，在杂交水稻的研究中艰难跋涉呢？

第五章

让梦想照进现实

他看到白雾蒙蒙、水天一色的地方，飞来一只洁白的仙鹤。忽然，从那仙鹤飞过的天空中，飘落下一粒粒饱满的稻种，播撒在灌满春水的稻田里。很快，秧苗出水了，长高了，抽穗了。

　　他看到，那水稻长得同高粱一般高，谷穗如扫帚一样长，谷粒像花生米那么大。他自己和几个朋友就坐在稻穗下面乘凉哩！

禾下乘凉梦

1961 年，迷人的春天散发着芳香的气息，布谷鸟隐藏在枝头唱着催耕催种的歌儿，唤醒人们心中绿色的希望。在一个阳光明媚的日子，袁隆平郑重地将稻种撒播在他那半亩水稻试验田里，过了一些日子，秧苗慢慢生长出来，鲜嫩鲜嫩的。他每天下课之后都要去观察秧苗的生长情况，那神态极为细心、专注，仿佛是母亲在呵护襁褓中的婴儿，看着它们一天天变化，盼望它们一天天长大。30 多天后，那秧苗长得一片葱郁，在阳光的照射下，这片绿宛若宝石一样闪着光！

有人说：只有不断找寻机会的人才能把握住机会。初夏的一天，袁隆平像往常一样，待下课铃声响过之后轻轻地拍了拍身上的粉笔灰尘，掖着书夹急匆匆地来到了试验田里。他将书夹轻轻地放在田埂上，麻利地卷起裤脚下了田。他非常认真地观察着每一株秧苗的生长情况。

忽然，一蔸形态奇特、"鹤立鸡群"的稻株吸引了他的视线。他把眼睛睁得老大，心跳迅速加快，兴奋地脱口而出："天哪！这是多么奇特的一株禾啊！"那俏丽挺拔的株形，丰满粒多的长穗格外显眼，他小心地抚摸着这珍贵的稻穗，仔细地数了数穗数和粒数。这一穗竟然有 230 粒！他几乎不敢相信，又仔细地数了一遍，没错，确实是 230 粒。他真是如获至宝,仿佛发现了一座金矿似的惊喜万分。让人意想不到的是，就是这个偶然的发现改变了袁隆平的一生，也是这个偶然的发现让袁隆平影响了整个世界！

袁隆平连忙将这苋稻穗上结出的 230 粒金灿灿的种子精心地收集在一块。等到第二年清明时节，他把这些种子栽插在学校的试验田里，渴望它们成为希望的一代。当时许多优良的品种，比如胜利籼、万利籼等都是通过系统选育方法培育出来的。然而，这次试验的结果却有些事与愿违：那株原本优势非常明显的种苗，其后代的性状却发生了分离，居然没有一株能同它的上一代相媲美，秧苗长势也是参差不齐，高的高，矮的矮；禾苗怀胎、抽穗、扬花、灌浆、成熟的时间也不同步，早的早，迟的迟……

袁隆平的心像掉进了冰窟窿，凉透了。他瘫坐在田埂上，心里乱成一团麻。他心中暗忖：难道水稻没有杂交优势？他摇了摇头，无力地拍了拍裤腿上的泥巴，正要起身回家，蓦地想到孟德尔、摩尔根遗传学说，他眼前一亮，灵感顿时涌上心头。是啊！从遗传学的分离律观点分析，纯种水稻品种的第二代是不会有分离的，唯有杂交第二代才会出现分离现象。而今，这株水稻的后代既然发生了分离，那么，去年那株"鹤立鸡群"的稻株，就可以判定是一株天然杂交稻！

"天然杂交稻！"这个概念一下子定格在了袁隆平的脑海

里。他高兴得像孩子似的从田埂上跳了起来，再次下到田间，对那些变异的植株逐个做详细记录，有的还用布条做上记号。他一回到宿舍就进行精确的运算，力求从理论上找到依据印证猜测。

那些日子里，他白天吃不好饭，晚上睡不着觉，整天在琢磨、推敲，脑壳里装了满满的问号。他左思右想，联想到玉米和高粱等作物的杂交优势已经成功地应用于生产实践。玉米这个异花授粉作物在配制杂交种前，两个亲本都必须先自交多代提纯，育成自交系，然后进行杂交才产生杂种优势。可以推测，既然经过多代自交提纯的玉米可以产生更强的杂交优势，那么，经过多代自交提纯的水稻是否同样也可以产生杂交优势呢？他甚至联想到，那株"鹤立鸡群"的天然杂交稻的稻种第二年不出现性状分离，倘若按之前那株杂交稻的产量来估算，也许亩产能达到 600 千克，这就是水稻杂交的目的所在。

多年来，袁隆平在实践中不断探索，顶住巨大的压力，提出与经典遗传学说相悖的观点：水稻杂交有优势。

日有所思，夜有所梦。那些日子，袁隆平满脑子里都是稻花。一天晚上，他想着想着，因疲劳过度，不由自主地进入了梦乡。在梦里，他看到白雾蒙蒙、水天一色的地方，飞来一只洁白的仙鹤。忽然，从那仙鹤飞过的天空中，飘落下一粒粒饱满的稻种，播撒在灌满春水的稻田里。很快，秧苗出水了，长高了，抽穗了。

他看到，那水稻长得同高粱一般高，谷穗如扫帚一样长，谷粒像花生米那么大。他自己和几个朋友就坐在稻穗下面乘凉哩！他们说说笑笑，脸上充满了丰收的喜悦。

一觉醒来，袁隆平还沉浸在禾下乘凉的梦境之中，心情久久不能平静。

一个神奇的发现

　　袁隆平是一位勇于挑战的探索者、充满智慧的思考者、亲身实践的行动者。谁曾想到，他身为一名普通教师却欲挑战世界难题，身处乡野却磨砺出环顾世界的眼光！如果不是这样，袁隆平也不会成为享誉世界的科学家。

　　1964年盛夏，太阳把地面烤得滚烫滚烫，一阵南风刮来，从地上卷起一股火烧火燎的热浪，使人感到窒息。

　　太阳正当头，袁隆平又下田了。他生怕错过了苦心寻找的稻穗。他拿着镊子和放大镜在不停地寻找，他移动身子的时候，放大镜反射出来的阳光极其刺眼，照得他一时睁不开眼。要知道，这已经是他在田间观察、寻找雄性不育株的第2个年头了。稻穗的扬花期只有十几天，如果错过了这个时间，恐怕又要等到明年了。

　　袁隆平在与时间赛跑。

　　晌午，干活的农民陆续收工回家，乡村的田野上一个人影也没有。这里已经很久没下过雨了，持续高温，烈日当空，连稻田里的水都被蒸得发出咕叽咕叽的声音。禾苗叶子被晒得卷了起来，失去了嫩绿的光泽，稻田里闷热难当。

这时的袁隆平哪顾得上劳累。他仍然在寻找，因为那棵雄性不育株是他打开突破口的一把金钥匙，因为他对自己的探索始终充满着自信。

忽然，他感到一阵晕眩，眼睛直冒金星，两腿发软，浑身无力，呼吸也越来越困难。他感到自己可能中暑了。他强打起精神，吃力地拖着两条泥腿，慢慢走到田埂旁的一棵小树下。他无精打采地从树枝上取下携带的水壶，一屁股坐在树荫下的草地上，喝了几口水，服了一把"人丹丸"，再喝了一瓶"十滴水"，过了好一会儿他才缓过气来。他定了定神，然后抽了两支烟，不久又下到田里忙碌起来。

其实，没有人逼着他不顾死活地在稻田里苦苦寻找；也没有人要他挑战这样一个世界性的难题。组织上也从来没有安排他去做这个在许多人看来是毫无希望的育种试验。事实上，一个小小的安江农校也不可能承担起如此重大的世界顶尖课题，更何况是在那样一个物资贫乏的年代。

这正是袁隆平的可贵之处。他不愿虚度年华，碌碌无为地过一辈子。那极具艰辛的挑战，是他心甘情愿的选择。

选择了，就没有退路！

那时是湖南最炎热的季节，也是寻找雄性不孕株最佳的时期。袁隆平觉得在强光下观察稻花效果更佳，所以，尽管头上是火辣辣的太阳，但为了心中的梦，他仍然沿着田垄一行行地仔细寻觅。

这时，妻子邓则提着茶壶，托着饭钵从田埂上慢慢地走了过来，她一边走一边喊道："袁先生，你不要命啊！快歇歇吧，你的肚子不饿吗？"

因两人原是师生关系，邓则一直半开玩笑地叫袁隆平"袁先生"，就这样叫了一辈子。

袁隆平听到妻子的话，连忙乐呵呵地回过头来："你还别说，看到你拿的饭菜，肚子还真有点饿呢！"

走近后，她发现袁隆平的脸色有些苍白，忙问："袁先生，你是不是中暑了？"

"没事，没事。你放心，我现在舒服多啦！"他从邓则手中接过饭钵，故意放到鼻子前闻了闻，点了点头说："真香啊！"他抓起筷子便大口大口地吃了起来。

邓则埋怨道："你不要命啦！"他强装出一副笑脸："命还是要的，我这条命还要同时间赛跑哩。在这个节骨眼上，如果再不抓紧，过几天稻穗的扬花期就要结束了。"

作为妻子，邓则是看在眼里痛在心上。她也是学农的，深知杂交水稻研究的艰难，因此对丈夫的工作更是全力支持，力求当好他的参谋和助手。趁着他在吃饭，邓则挽起裤脚，也下到了稻田里，顶着烈日帮着寻找，寻找丈夫梦寐以求的"株"宝！

袁隆平赶紧吃完饭，将碗筷往草地上一放，又迅速下到了稻田里。太阳的火辣考验着他们的意志，田野的高温考验着他们的耐心。

1 天过去了，那雄性不育株依然不见踪影。

5 天过去了，袁隆平仍然一无所获。

10 天过去了，袁隆平的脸上写满了无奈。

……

时间一天天地流逝，袁隆平越来越着急，可着急又有什么用呢？在寻找雄性不育株的过程中，他尝到了"大海捞针"的滋味。

一位老农见他忙得汗流浃背，便说："袁老师，歇歇，抽口烟吧？"

袁隆平抬起头，笑着说："好哩！"

老农看了他一眼，有些不解地问："你们这些文化人，怎么总是喜欢在田里干我们'泥腿子'干的活啰？"

袁隆平憨厚地一笑，说："大伯，您可别小看这'泥腿子'的活，没有粮食，那大家吃什么？如果吃不饱，就会闹饥荒，甚至会饿死人。所以，干'泥腿子'的活可光荣哩！"

"你说的倒是在理。"老农点了点头，然后，他又上下打量了一下袁隆平，笑着说，"袁老师真像一个地地道道的'泥腿子'！"这时的袁隆平光着膀子，穿着一条旧短裤，浑身湿漉漉的，汗水从他的额头顺着胸口流了下来，滴滴洒落在湘西这片肥沃的土地上……

袁隆平在稻田里苦苦地寻找了 16 天，他心里比谁都明白，再过几天，一年一次的稻谷扬花季一过，又只能等到明年了。

于是，他再一次下到一丘"洞庭早籼"品种的田里继续寻找，依旧是一垄垄、一行行、一穗穗地细心观察，那神情似乎比往日更专注。突然，他的目光停在一株雄花花药不开裂且性状奇异的植株上。

"天哪！"袁隆平惊喜万分地自语道，"这不正是退化了的雄蕊吗？"

袁隆平尽可能地抑制住自己剧烈的心跳，他仔细地看了又看，然后又用放大镜进一步观察，没错，那确实是一株病态的雄花。他连忙在这棵洞庭早籼天然雄性不育株上系上了一根红布条作为标记，并小心翼翼地采集了花药拿回了实验室。

夜晚，实验室的灯光格外明亮。这时，袁隆平聚精会神地用镊子取出一些花药，然后放到显微镜的载玻片上，再用镊子将花药压碎。他调好焦距认真细致地观察起来。袁隆平高兴得差点跳了起来！他苦苦地寻找了两年，这次又连续寻找了 16 天，终于找到了这株极为罕见的水稻雄性不育株！这怎不令人欣喜若狂呢！

有人说，是袁隆平用他的智慧和汗水，找到了开启水稻王国大门的金钥匙。

袁隆平却有他独特的成功公式：知识＋汗水＋灵感＋机遇＝成功。

设计三系配套路线图

　　春天来了，微风吹拂着大地，报春的燕子往来穿梭，空中充满了呢喃的繁音；新生的绿草随风摆动，像是在和低着头的蒲公英绵绵细语。袁隆平在试验田里亲自耕耘，亲自播种。过了一段时间，那一粒粒雄性不育株的种子长出了嫩嫩的绿芽，他也仿佛看到了绿色的希望。他认为，培育水稻的杂种优势只有两条路可走：对植株进行人工去雄（杀死雄花），或者培育出一个雄花不育的"母稻"。

　　妻子邓则确实是袁隆平的好帮手，为了寻找水稻雄性不育株，两年来，她不知下了多少次稻田。眼下，她又在图书室与袁隆平一起查找中外农科资料。袁隆平看着看着，思路好像更加开阔了。

　　早在 1926 年，美国人琼斯最先发现水稻雄性不育现象，但最早正式开展此项研究工作的国家却是日本，始于 20 世纪 50 年代。1958 年，日本东北大学胜尾清发现中国的红芒野生稻能导致藤板 5 号产生雄性不育。8 年之后，日本琉球大学的另一名育种专家新城长友取得了可喜的研究进展。随后，美国和菲律宾国际水稻研究所也相继开展了此项研究。1962

年，国际水稻研究所在菲律宾正式成立，并迅速投入了工作。

尽管他们的实验技术很先进，资金也非常雄厚，但因难度太大，研究无果而终。正因为如此，杂交水稻研究才是世界公认的一道难题。

面对这一世界性的难题，袁隆平的追问却铿锵有力：难道外国人没有成功的，咱们中国人就不能成功吗？

其实，这样的追问需要勇气，更需要底气。而袁隆平的底气就在于中国是一个古老的农业国家，又是水稻的自由王国，有着众多的野生稻和栽培稻品种，蕴藏着丰富的种子资源。而且，我国有辽阔的土地资源，南北跨度大，气温差异大，由此带来充足的温光条件。海南岛阳光充足，日照时间长，是理想的天然大温室，更是育种工作者的乐园。更为重要的是，中国有优越的社会主义制度，在党的英明领导下，国家可以组织各方面的力量和人才进行协作攻关，形成全国"一盘棋"的局面。而这些都是一些西方国家望尘莫及的。

目标确定，就如同战士找准了靶心。袁隆平俨然是一位指挥作战的将军，凭借他那超人的智慧和果敢，开始设计杂交水稻研究攻关的初步方案。

按照他的方案，利用水稻的天然雄性不育性，培育出不育系、保持系和恢复系，然后通过"三系"配套的方法，代替人工去雄杂交，从而达到杂种优势利用的目的，提高稻谷产量。

袁隆平这位杂交水稻的总设计师，为确保"三系"配套不走样，夜以继日地潜心钻研。不久，他又进一步细化出了一套"三步走"的具体方案：

第一步，寻找天然的"雄性不育株"。

第二步，筛选和培育保持系。

第三步，筛选和培育恢复系。

这便是袁隆平首创的"三系法"杂交水稻路线图。

按照这个思路，首先就是要找到天然的水稻雄性不育株，作为新的育种材料。如今，袁隆平经过三个春秋的苦苦寻觅，像大海捞针一般终于把"雄性不育株"找到了，迈出了"三步走"计划中的第一步。因此，他的干劲更足了，对未来充满了信心和憧憬。

"要与时间赛跑"是袁隆平的一句口头禅。为了加快实验的步伐，他又把禾苗中成熟早的部分稻谷作为种子，立刻翻秋播种，进行当年的第二次实验，其余生长稍慢的种子则留了下来，待到次年春播。

一天夜晚，袁隆平从实验室回到家里已经很晚了，尽管身子骨像是散了架，但他还是习惯性地坐在了书桌旁，准备翻阅一下外文资料。这时，妻子邓则端来一杯茶递给他，笑着说："袁先生，你很快就要当爸爸啦！"

"真的？"袁隆平像触了电似的，蓦地一下站了起来，他一手接过茶杯，一手将妻子的头抱在了胸前，激动地说，"真是双喜临门哪！"

科学家的思维往往与平常人不一样。为加速试验进程，确保试验效果,袁隆平又突发奇想。他带上几名学生,从农校附近一个窑厂的废品堆里,捡出 60 多个烧歪了的、缺了边的大瓷钵子,用破旧的板车拉了回来,摆放在农校实验园前的空地上,搞起了所谓的盆栽试验。

见此情景,几位平时与他交好的同事走过来,带着劝诫的口吻说:"老袁,你在菜地里多花点功夫,长出来的蔬菜还能填饱肚子。如今,你把精力都花在这些禾苗上,在这些坛坛罐罐上折腾,这是何苦呢?弄得不好还会招来一些麻烦的。"

袁隆平心里十分清楚,在当时那个政治风云变幻莫测的年代,这些听似冰冷的话语,其实包含着同志们浓厚的友情和善意。

有人说袁隆平性格温和,温文尔雅,其实他的性格里也有倔强的一面。只要是他看准了的事,就会坚持到底。他觉得,对于杂交水稻的研究,即使只有百分之一的希望,自己也要做百分之百的努力。如果失败了那也怨不得别人,若是不尝试一下,那才真叫没出息哩!

1965 年秋天,袁隆平经过连续两年的盆栽试验,天然雄性不育株的人工杂交结实率高达 80% 以上,有的甚至超过了 90%,离 100% 只一步之遥了。经过杂交繁殖出来的后代,有的继续保持了其母系亲本的雄性不育特性。他通过一番认真的思考,将自己 3 年来从实践中获得的各种数据和资料进行分析整理,又经过 10 多个不眠之夜的伏案疾书,袁隆平撰写出了第一篇关于杂交水稻研究的重要论文《水稻的雄性不孕性》。

要知道，这可是袁隆平冲破禁区，第一次论述水稻的雄性不育性的论文，也是人类第一次发现并运用文字表述水稻的这一生殖病态特征，进而预测了它巨大的利用价值。文中大胆地冲破了"自花授粉作物没有杂交优势"的传统观念，为世界开创了一个具有划时代意义的研究领域。

袁隆平心里非常清楚，他提出的水稻杂交有优势是与传统的经典遗传学观点相违背的。美国著名的遗传学家辛洛特和邓恩早在 20 世纪 30 年代就明确提出了水稻杂交无优势之说。美国的大学教科书《遗传学原理》中也清清楚楚地写到：稻等自花授粉作物自交不退化，杂交无优势。因此，当他提出杂交水稻的研究课题时，遭到某些权威学者的反对乃至嘲笑也就不足为奇了。

尊重权威，但不迷信权威，这是袁隆平的一贯态度。他针对"自花授粉作物杂交无优势"的观点，敢于大胆质疑，勇敢挑战，毅然坚持将"水稻杂交优势利用"作为自己的主攻方向。

令人担心的是，这篇论文是否也会像当年孟德尔撰写的《植物杂交实验》那样，由于思维观念与众不同，以致曲高和寡，直到若干年后才被人们认可呢？确实，生活中很多的事情都无法预测。

袁隆平将这篇论文投过几家学术刊物，由于论文有悖经典遗传育种理论，加上他当时又是一个无名之辈，论文寄出后便石沉大海了。值得欣慰的是，这篇论文虽然几经周折，但中国科学院的院刊《科学通报》编辑部的编辑们却独具慧眼。1966年2月28日，该刊第17卷第四期大胆登载了全文。

这篇论文，不仅为袁隆平的杂交水稻研究奠定了理论基础，更是吹响了第二次"绿色革命"的号角！

得力的助手

转眼到了谷雨时节，在袁隆平的精心培育下，那60多个钵盆里长出了一棵棵嫩绿的小苗。一些同学出于好奇，常跑到农校实验园来看，想弄清楚袁老师到底栽的是什么花。

如果只是偶尔来看一下也就罢了，奇怪的是有一个年龄稍大一点的男生，他几乎每天都要来这儿瞧一瞧。一天，他正在往有些干涸了的钵盆里浇水，刚巧被袁隆平碰到了。

"你为什么要往里面浇水呢？"袁隆平问道。

"我反正没啥事，看到这些盆子里的土有些干涸了，所以就……"他生怕自己做错了什么事，一时语塞了。

"那你知道盆里种的是什么吗？"袁隆平又问了一句。

这么一问，那个学生更加紧张了，他没有回答，只是轻轻地摇了摇头。

袁隆平对这个学生再熟悉不过了。他叫尹华奇，23岁，湖南省洞口县人，是袁隆平担任班主任的农作物23班的学生。他是农校特招的一批两年制的"社来社去"学员，毕业之后不包分配，从哪里来就回到哪里去。他勤奋好学，不懂就问，特别积极参加课外试验活动，而且他手脚麻利，深得袁隆平的喜爱。他对尹华奇说："这些盆里栽种的是水稻的一个新品种，现在正处在试验阶段，如果真的搞成功了，我们国家的粮食就会大大地增产。到时候，全国人民就不会再饿肚子了呀！"

听到这儿，尹华奇似懂非懂地点了点头。过了一会，他壮着胆子对袁隆平说："袁老师，您的试验是一件功德无量的事情，如果您不嫌弃的话，让我给您当助手行吗？这样一来，我既可以跟您学到更多的农科知识，又可以帮助您精心培育好这些盆里的禾苗。"

袁隆平见他一片诚心，二话没说，便点头答应了。

袁老师这么爽快地答应下来，令尹华奇喜出望外。从那之后，实验园成了他每天必去的地方。下雨时，尹华奇就把那些钵盆一个一个地搬到屋檐底下；天晴了，他又一个一个地将那些钵盆搬出来晒太阳，让禾苗始终保持充足的水分和阳光，便于小苗儿茁壮成长。

这一切，被另一个同学看在了眼里。他姓李，名必湖，是湖南省沅陵县的一个土家族青年，刚满 21 岁，也是一名"社来社去"学员。他找到尹华奇，好奇地问："袁老师到底在搞什么与众不同的试验呢？为什么栽培禾苗还要用钵盆呢？"

"我一时也跟你说不清楚。"尹华奇将话题一转，说，"你知道袁老师最近在中国科学院的刊物上发表论文了吗？"

"我早就听说了，只是不知道他原来写的就是这些禾苗。"李必湖一直特别佩服袁老师，只是平时接触不多。他对尹华奇说，"我其实也很想参与这个试验，可我是农作物 24 班的，就不知袁老师愿不愿意带别班的学生。"

尹华奇说："这我也不知道。不过，袁老师很随和，你找个机会跟他说说看嘛！"

过了几天，李必湖经过反复思考，壮着胆子走进了袁隆平的办公室。他低着头，小声地说："袁老师，我想同尹华奇一样参与您的水稻试验，不知道您肯收我这个徒弟吗？"

"搞农科试验可是一件苦差事，整天同泥巴打交道，忙的时候连星期天都不能休息。"袁隆平并没有拒绝，只是反问了他一句，"就是不知道你吃不吃得这个苦？"

"我是一个在农村长大的孩子，什么样的苦没吃过？说实话，我到了学校之后，才知道有星期天哩！"李必湖回答得倒挺干脆。

袁隆平淡淡地一笑："搞这个试验既苦又累，还没有工资拿，到时候你可别后悔。"

"怎么会呢？如果后悔，我今天就不会来找您啦！"他态度非常诚恳，没有半点犹豫。

袁隆平见他如此坚定，便高兴地点了点头……

袁隆平的大儿子也在这个时候出生了。1966 年 5 月 1 日，年近 37 岁的袁隆平终于当上爸爸了，母子平安，他乐得合不拢嘴。邓则躺在床上，轻声地说："袁先生，你给儿子取个名字吧！"

袁隆平稍微思考了片刻后说："今天是国际劳动节，我们的儿子也是劳动人民的一分子，小名就叫'五一'吧！"儿子出生，袁隆平也只在家里喜滋滋地忙活了小半天，就又急匆匆往试验田里去了……

第六章

苦难是一种财富

对于袁隆平从 1964 年发现第一株天然雄性不育株，到 1970 年的这 6 年，新华社曾做出这样的评价："6 年是多少个日夜呢？没有成功也就没有鲜花和掌声。这是追求理想锲而不舍的 6 年，这也是人类进行水稻革命最有意义的 6 年，难度之大，压力之大，条件之差，时间之长，超过了居里夫妇对放射性镭的艰苦探索。"

暴风骤雨下的小秧苗

　　"文化大革命"席卷全国，偏远的安江农校也未能幸免。平时静谧的校园变得不再安宁，被迅速卷入到旋涡之中。

　　一天，袁隆平准备到实验园去看一看，只见大路两旁早已贴满了各种标语和大字报。他慢慢往前走，还装出一副漫不经心的样子。其实，他内心紧张极了，他的双眼一刻也没离开那些标语和大字报。忽然，他的目光在一条醒目的标语上面停住了："彻底砸烂袁隆平资产阶级的坛坛罐罐！"这使他不寒而栗。

　　"啊，不好！"袁隆平不禁脱口而出，旋即，他像一支离弦的箭朝着实验园奔去。

　　他还是来晚了！当他赶到实验园时，地上早已是一片狼藉，60多个钵盆全都被砸得稀巴烂，满地污水横流，嫩绿的禾苗被连根拔起，而且大都已被折断，有的连蔸都被踩烂了，瓷片、禾苗、泥巴乱七八糟地散了一地，真是惨不忍睹。

　　袁隆平的心一下子冰冷到了极点，就像刀割一样地疼痛。他脸色惨白，浑身乏力，手脚打战，两行热泪如同断了线的珍珠从他的眼里滚落下来……

是啊，这些钵盆里栽种的秧苗可不是普通的秧苗哇！它凝聚着袁隆平1000多个日日夜夜的苦心研究和精心培育，它承载着袁隆平人生的全部乐趣与追求，更承载着一个人类没有饥饿的绿色梦想！可以毫不夸张地说，这些小秧苗在袁隆平心里和他孩子一样重哩！

他痛苦地抬起头，对着苍天颤抖地喊道："天哪！我该怎么办呀？"

袁隆平也不知道自己是怎么拖着疲惫的身子回到家的。他刚一进门，妻子邓则见他无精打采，两眼发直，脸色难看，便预感到了什么，连忙问："袁先生，发生什么事了？"

他没有回答，两只眼睛呆呆地望着妻子半天说不出话来。突然，他情不自禁地一头扎进了妻子的怀里，失声地痛哭起来，那抽泣的悲声，就像是一个失散多年的孩子见到了自己的亲人。

邓则一边抚摸着他的头一边轻声问道："袁先生，这到底是发生了什么事呀？你快说说看。"

"我们几年来精心培育的60多钵杂交水稻秧苗，全都被他们砸……"他伤心地说不下去了。

"啊——"她先是大吃一惊，紧接着两行泪水夺眶而出，浑身颤抖，上牙把下唇咬出了很深的印子。

稍过了片刻，她柔声地安慰道："袁先生，你千万要挺住。我们经历的磨难还少吗？不也都坚持走过来了吗？我们一定要坚信，风雨过后一定会见彩虹的。"

妻子的慰藉，给了他信心和力量。蓦然，他似乎想起了什么，拿起一只手电筒就往外跑。

"轰隆隆——"雷鸣夹着闪电划破沉闷的夜空。妻子赶紧放下才一个多月的婴儿，拿起一把雨伞追出门外。雨越下越大了，深夜的黑暗笼罩着静寂的田野。

袁隆平和妻子在暴雨和雷鸣的"掩护"下，偷偷地赶到了实验园的水池边，在烂泥和瓦片中寻找那些受了伤的秧苗。找了老半天才找到了几蔸。于是，他俩又捡了几个有缺口的烂钵盆，将这几蔸秧苗重新栽种好。他俩像做贼似的，趁人不注意，连夜将这几盆秧苗藏到了学校苹果园旁的一条臭水沟里。

袁隆平一想到自己迟早会被关进"牛棚"，就常常做噩梦。不过，妻子从他的梦呓中，听得最多的就是那句"秧苗啊！我的雄性不育株……秧苗，我的……宝贝！"

这件事之后，袁隆平一直忐忑不安。一天夜里，袁隆平洗完碗筷，简单地收拾了一下屋子。这时，传来一阵急促的敲门声。袁隆平的心顿时紧缩成一团，他稍微平复了下心绪，问："谁？"

"袁老师，是我呀！"

这声音袁隆平再熟悉不过了。他长嘘了一口气，这才打开门，李必湖和尹华奇一下钻进了屋。

这时，袁隆平不但高兴不起来，反而埋怨道："哎呀，我说你们两个是不是吃了豹子胆，在这个节骨眼上还敢到我家里来，如果被人看见了会给你们带来麻烦的。"说完，他又猛吸了几口烟，顿时屋内烟雾缭绕。

"怕什么！"李必湖抢先说道，"我们家祖祖辈辈都是贫下中农……"

尹华奇说："袁老师，您搞的试验是为了咱们老百姓有饭吃，是正义的事情。"

袁隆平有些不解地问："由此说来，你们那天没有参与砸水稻试验的钵盆？"

"我们怎么会去做那种背信弃义的事情哩！"尹华奇连忙解释道，"就在砸钵的前一天，我和必湖听到一些风声，说是他们商量着要彻底砸烂您的坛坛罐罐。我们一听就急了，当晚，我们两个人就悄悄地摸到实验园，乘人不注意，偷偷地从无雄花粉、雄花粉败育和雄花粉退化的 3 个品种中，各选了一钵长势稍好的不育系秧苗，藏到了苹果园的臭水沟里。"

"这是真的吗？"袁隆平激动得心都差点跳了出来。

李必湖接过话匣子："那臭水沟奇臭无比，一般人都不会去那儿的，所以还算安全。尽管秧苗少了，但毕竟没有绝种啊！"

"我这不是在做梦吧？"袁隆平简直有点不敢相信自己的耳朵，生怕是自己听错了。

李必湖情深意切地说："这是真的，袁老师。我和华奇马上就要毕业了，假如您在学校里无法进行杂交水稻研究，只要您愿意，可以到我们村里去，我们两个人继续当您的学生！"

邓则一直在隔壁房间，听到师生间的对话后，再也坐不住了。她一边从房间里走出来一边说："谢谢，真是太谢谢你们了，袁老师能有你们这么好的学生，真是他的福气呀！"

"师母，您可别这么说。能做袁老师的学生，是我们有福气才对哩！"尹华奇说。

夏衍先生曾经说过："种子不落在肥土而落在瓦砾中，有生命力的种子决不会悲观和叹气，因为有了阻力才有磨炼。"古往今来，凡开拓者进行具有创造性的工作和研究，开始总是难以被人理解和尊重，甚至有的工作是在极其艰难的条件下完成的。袁隆平正是如此，在当时的情况下，他除了默默地忍受痛苦之外，还必须在逆境中顽强拼搏！

伟人之所以伟大，是因为他与别人共处逆境时，别人失去了信心，他却下决心实现自己的目标。

几天后，袁隆平趁着夜色朦胧，悄悄来到了苹果园旁的臭水沟边。他蹲下身子，仔细地查看每一蔸秧苗的生长情况。当他惊喜地看到眼前这些经受劫难的秧苗，在这臭水沟里又重获新生，长势良好时，他淡淡地笑了，但笑得特别苦涩。

生命有时看似非常脆弱，却总能绝处逢生，向世人展示出它的坚忍和顽强。即使经历了暴风骤雨，只要给它一点阳光和雨露，便会枝繁叶茂地生长。

柳暗花明

有人说，痛苦是造物主对人类最隐匿的一种恩赐。它的到来，有时是警醒世人，有时是暗示责任。对袁隆平来说，痛苦也许正是锻造他坚韧性格的熔炉之火。

袁隆平有些纳闷，写他的大字报贴了那么多，可不知为什么，他却迟迟没有被揪进"牛棚"。他在李必湖和尹华奇的帮助下，常常摸到臭水沟边，继续偷偷地搞他的杂交水稻试验。

他痛苦，他孤独，他只能将自己唯一的希望寄托在杂交水稻的试验上。因为与这些绿色的植物打交道，你无须设防，也无须揣测，你只要给它水和阳光，它就会自然生长。

这几棵受伤的秧苗，倾注了袁隆平全部的心血。他坚信，这几棵嫩绿的秧苗，今后一定能茁壮地生长在世界的每一片沃土上，最终成为一片绿色的海洋。

"咚咚咚——"一阵急促的敲门声突然响起。袁隆平先是一怔，旋即，他似乎意识到了什么，便看了妻子一眼，接着走过去开门。

进来的是一名手臂上佩戴着红袖章的学生。他说："工作组的王组长叫你赶快到他的办公室，说是有重要事情找你。"

此刻，屋子里死一般地静，连针掉落到地上恐怕都能听得见响声。袁隆平和妻子似乎早已预料到了这将要发生的一切。温柔的妻子安慰道："袁先生，你别怕，身子要紧呀！"。可稍停了片刻，泪水从她的眼角流了下来，她极力抑制住心中的痛苦，口吻坚定地说："只要不离开土地，就算雄性不育秧苗没有了，我们还可以重新找到，还可以重新培育；只要不离开土地，我们一定能够把杂交水稻搞成功！"

　　妻子的这一番话，字字句句铿锵有力，袁隆平特别感动，不禁脱口而出："人生得一知己足矣！"

　　工作组办公室里已经挤满了人，袁隆平刚走到门口，就被他们围得个水泄不通。王组长生气地说："你们快让开！袁老师，你稍等一下，我正有事找你。"

　　过了一会，王组长同袁隆平朝农校的试验田走去。两人一路默默无语，这沉闷的气氛使袁隆平觉得难受。当走到一块试验田边时，王组长示意袁隆平坐下，递给他一支烟，说："袁老师，今天叫你来，就是想请你帮我选块好一点的试验田种晚稻。人总是要吃饭的，我们既要抓革命，又要促生产嘛！"王组长接着说，"我们想请你当工作组的技术参谋，你可要好好干，要尽最大的努力，想方设法把生产搞上去。"袁隆平顿时心中暗喜，原本以为山穷水尽，怎么突然间却柳暗花明了。

　　回到家里，袁隆平连忙将刚刚所发生的事情一五一十地跟妻子讲了一遍，俩人百思不得其解。

　　一天，袁隆平在田间劳动时，王组长走了过来，他见田里的禾苗长势喜人，心里非常高兴，还夸了袁隆平几句。袁隆平便给王组长讲起了水稻雄性不育系对于粮食增产的重要性，王组长听后连连点头。这时，袁隆平有些不好意思地说："王组长，眼下是试验稻穗杂交授粉时节，为确保增产，我想每天中午请两个钟头的假到田间去看一看，不知行不行？"

王组长答应得很爽快："别说两个钟头，只要能增产，干脆给你一个上午吧。如果时间还不够，你可以随时来找我！"

袁隆平真有点受宠若惊，心里美滋滋的，激动得不知该说什么好。他怎么也弄不明白，自己为什么这样幸运，不仅没被关进"牛棚"，还能在这里搞杂交水稻试验。

袁隆平虽然得到了工作组的"优待"，可仍然遇到了很多困难。对此，袁隆平毫不在意，一刻也不耽误杂交水稻事业。他坚信乌云遮不住太阳。

时间可以冲淡一切，也可以解开生活中的许多疑团。袁隆平何以逃过一劫一直是个谜。直到第二年夏天，袁隆平在大街上偶然碰到了王组长。老王这才将当时的秘密告诉了他。

当时，袁隆平已经被定为批斗对象，"牛棚"里也给袁隆平腾出了铺位，就连大字报和标语也都贴出来了。

这个时候，还有少数几个人跳出来叫嚷："袁隆平的家庭和社会关系非常复杂，要跟他新账、老账一起算。"

于是，他们便七手八脚地翻阅起袁隆平的档案来。他们做梦也没想到，当他们打开袁隆平的档案时，都傻了眼，里面夹着一封不久前国家科委九局发来的，关于充分肯定袁隆平在

《科学通报》上发表《水稻的雄性不孕性》论文的公函。

原来，袁隆平的论文发表之后，很快就被国家科委九局的科学家熊衍衡同志看到了，他对这篇论文倍加赞赏，并立刻将论文报送给九局局长赵石英同志阅示。

赵石英局长看过之后，也非常重视这篇论文。他觉得，水稻雄性不育研究在国内外都是一片尚未开垦的处女地，其中蕴藏着巨大的潜力，如果能够研究成功，必将对世界粮食生产产生重大影响，世界粮食产量或许能完成新的飞跃。于是，他迅速请示国家科委党组并获得批示：国家科委要全力支持此项研究工作。国家科委九局分别致函给湖南省科委和湖南省安江农业学校，务必支持袁隆平的工作和试验。

王组长带着这份国家科委的函件，去请示原黔阳地委领导。他有些迫不及待地问："袁隆平属不属于保护对象呢？"

当时的地委书记孙旭涛将函件合上，没有半点犹豫，大声说道："这还用说，当然属于保护对象！"他的语气十分坚定。

人生如同登山一样，时而悬崖峭壁，时而又峰回路转。要想攀登高峰，你必须有一种锲而不舍的意志和信念。多少在半途止步或折返的人，就是因为缺乏这样的意志和信念。

谜底已经揭开了。赵石英同志堪称当代"伯乐"，正是他的慧眼识珠、远见卓识，在杂交水稻研究进入到最困难、最险恶的关键时刻，给了袁隆平一缕希望的阳光，拯救了一项人类的重大发明，也拯救了一位将会载入世界名人史册的伟大科学家！

逆境中的坚守

苦难是一种财富，只有那些经历过苦难的人，才更懂得生命的珍贵。袁隆平同往常一样，在试验田里埋头仔细观察着禾苗的生长情况。他的神态是那样专注，他的观察是那样认真，生怕自己有半点疏忽。当他看到经过精心培育的禾苗已有尺余高，并且大都带有 3~5 个分蘖时，脸上露出了满意的微笑。

1968 年的春天悄悄地来到了人间。四周赤裸裸的树木还在阵阵的寒风中颤抖，山沟沟里旧年的败叶正在腐烂，蒲公英的小黄花却已在潮湿的草丛中探出头来。从整个山坡上，从农家的园子里，从渗透了水分的耕地里，到处都能闻到一种春的气息，无数嫩绿的幼芽从泥土里钻出来，在阳光下闪闪发亮。袁隆平等到天气转暖，便带着他的两个助手，将雄性不育秧苗插在了"中古盘 7 号"田里。要知道，这些珍贵的秧苗是袁隆平从几乎绝望的困境中抢救出来的，这些在臭水沟里偷偷长大的秧苗，之所以大难不死并且长势喜人，这其中凝聚了袁隆平多年的心血和汗水，也倾注了袁隆平全部的爱。

如今，袁隆平培育的雄性不育秧苗，已经从过去的坛坛罐罐，发展到两分地的试验田了。看到眼前嫩绿的秧苗，他心里乐开了花。

在地里忙碌了半天，袁隆平叫李必湖和尹华奇休息一会儿，师徒 3 人便坐在了田埂上。趁着这个机会，袁隆平语重心长地对他们说："几年前，我自费到北京农业大学拜访了著名遗传学家鲍文奎教授，他对我讲过'从事杂交水稻的研究，乃是洞悉生命的本质，推动生命的进程，这是一项培植人类文明的伟大事业。从事这样的事业是人生价值之所在，是人生最大的乐趣'。所以，今后无论遇到什么样的困难，你们都要坚持到底，决不能半途而废。"

听了这话，两人连连点头。袁隆平打心里喜欢这两个年轻人，因为他们身上始终有一股朝气，而且虚心好学，善于思考，跟自己一样——有一种顽强的拼搏精神。看到他们，袁隆平对杂交水稻的未来充满信心。

4 月，被一阵春雨洗过的湘西大地显得格外翠绿。带着水珠的禾苗，在清晨的微风中，左右摇晃，散发出一阵淡淡的清香。袁隆平每天来到田间，脸上总是挂着微笑。在他看来，每一棵禾苗就是一个生命，每一片稻叶都在与自己深情地对话。这儿有清新的空气，这儿有泥土的芬芳，这儿有短暂的宁静。

为了便于对禾苗观察、对照、分类，袁隆平还专门制作了 70 多块"T"字形的小木牌，上面写着雄性不育禾苗的品种、类别、年代、数量等。他细致地用榔头将这些小木牌分别钉在对应的田埂上。直到天渐渐暗下来，袁隆平才急匆匆地骑着一辆破旧的"永久"牌自行车往家里赶。

1968年5月18日，对于袁隆平来说是一个永生难忘且痛苦万分的日子。清晨，农家的屋顶上飘着缕缕炊烟，空气中弥漫着轻纱似的薄雾。因昨晚又下了一场大雨，袁隆平惦记着他的禾苗，没吃早饭便骑上自行车赶回了学校。他期盼稻田里的禾苗快快长高，他希望天底下的人都能尽快吃上饱饭！

然而，令袁隆平万万没有想到的是，惨不忍睹的一幕又一次发生在他眼前。昨天还好端端的试验田，一夜之间变得一片狼藉，雄性不育秧苗一蔸不剩地全部被人拔光，不知去向，田里到处是坑坑洼洼乱七八糟的脚板印子……

看到眼前的一切，袁隆平的头像是被闷棍击中，只觉得天旋地转，心也撕裂般地疼痛。此时此刻的他是哭无泪，诉无声。他那双一分钟前还充满着幸福感的眼睛突然睁得大大的，胸脯沉重地起伏着，嘴唇也在颤抖。半晌，袁隆平这个倔强刚毅的汉子，竟然抱着头失声痛哭起来。他对着天空大声吼道："搞杂交水稻试验为什么这么难呀……"

袁隆平就这样独自一人呆呆地在田埂上坐了很久很久，百思不得其解：我是一个与人为善的人，平时也没有得罪过谁，我的秧苗更没有得罪过谁呀！我搞杂交水稻研究又何罪之有呢？当他回过神来时，首先想到的就是赶快去寻找那些可怜的秧苗，哪怕只有一丁点儿希望，也要做百分之百的努力！于是，他强忍着痛苦，两眼含着泪水，开始四处寻找，希望能找到劫后余生的珍贵秧苗。他深一脚浅一脚地走了一丘又一丘，他跌跌撞撞地走了一垄又一垄，他左顾右盼地走了一行又一行，寻找了半天也没有发现秧苗的踪影。这时的袁隆平真有些失望了，甚至是有些绝望了，他再一次感受到了现实的残酷。

就在事发后的第 3 天，袁隆平途经学校附近的一口水井时，无意中看到水面上浮着几棵秧苗，他迅速用竹竿将秧苗捞了起来，定睛一看，正是他亲手培植的雄性不育秧苗。他估计井底可能还有蔸根带泥的秧苗，便不顾水温低、井水深，"扑通"一下跳进了水里。他在井里上下折腾了几下，试图潜到水底将秧苗捞起，但因井底太深未能成功。无奈之下，他只好向学校领导求援。校领导连忙派人抬来了一台抽水机，不一会儿就将井里的水抽干了。果然不出所料，井底下确实有很多的秧苗，袁隆平连忙将其捞了上来。令人痛心的是，这些秧苗因为泡在水底时间过长，根部全都沤烂了。万幸的是，这其中还有几根奄奄一息的秧苗，这也许是秧苗中最坚韧的生命。他不由自言自语道："感谢苍天，雄性不育材料总算是没有绝种啊！"

这次轰动一时的事件定名为"5·18"毁禾事件。这完全是一宗蓄意的恶性破坏事件，其目的就是要阻止袁隆平的杂交水稻研究。

尽管经多方调查，也未能查明真相。在一般人看来，被毁坏的只不过是一些秧苗而已，又不是什么人命关天的大案要案，最后也就不了了之了。可又有谁知道，那在未来能养活亿万人的杂交水稻，差一点就这样毁灭了。

在袁隆平痛苦和忧伤的时候，也曾有人劝他放弃杂交水稻的研究。袁隆平心里再清楚不过了，放弃比坚持要容易百倍、千倍甚至万倍。但当他眼前浮现出忍饥挨饿的同胞，再联想到前途可期的杂交水稻事业时，他就再没有半点犹豫，内心更加坚定了。因为他知道，成功的大门只要你勇敢地去叩，终究是会有收获的。成功的要素就在于：抓住目标不放，并为之奋斗！

他不是一个人在战斗

1969 年 6 月，袁隆平被安排到距离安江农校 100 多千米外的溆浦县低庄煤矿去参加宣传队。袁隆平知道，如果去那里就会中断杂交水稻的研究。

夜深了，袁隆平躺在床上辗转反侧，无法入睡。临行前，袁隆平将尹华奇和李必湖叫来，开了一个 3 人小组会。他说："我马上就要参加宣传队去了，你们要继续用"水稻雄性不育科研小组"的名义搞试验，决不能轻易放弃。在试验中如果遇到技术上的问题，可以随时到煤矿来找我。"

尹华奇气愤地说："袁老师，您是这个科研小组的带头人，您不能走，这个决定是错误的，我找他们评理去。"

袁隆平连忙将他拦住了，劝道："如果你这么做，只会把事情搞得更糟。"

李必湖也有些激动地说："袁老师，那我们总不能就这样忍气吞声吧？"

袁隆平摇了摇头，说："你们的心情我非常理解，但人生在世，岂能尽遂人意。现在，只要你们不中断研究工作，我就一万个放心啦！"

"袁老师，您放心，不管发生什么情况，我们都会坚持到底的。"尹华奇紧咬着牙说。听到这话，袁隆平的脸上露出了微笑，这3个男人的6只粗糙的大手紧紧地握在了一起……

袁隆平下到煤矿后，同其他老师一样都分散住在当地的农民家里。他们白天要下到矿井挖煤，晚上还要参加学习。但是，不管多苦多累，袁隆平的心里始终惦记着屡遭摧残的秧苗，就像惦记着自己年幼的孩子一样。在他看来，儿子有妻子的呵护，他没有什么放心不下的，而真正让他牵肠挂肚的还是那些嫩绿的秧苗。

没过多久，省里派了一位农科方面的权威人士夏某，到安江农校搞科技大检查，在与大伙的攀谈中，他口气强硬地说："自古以来，水稻杂交无优势，这是谁也改变不了的事实。"

"夏老师。"尹华奇听后心里有些不服气，便大声道，"请您去我们的试验田里看看好吗？看一看，才知道水稻杂交到底有没有优势。"

"好呀！我正想去看看哩！"夏某在校领导的陪同下，来到试验田走马观花地看了看，然后指手画脚地说，"尽管这些禾苗长势很好，但长得好不意味着产量就一定会高呀！依我看，恐怕是只增草，不增产哟！"

陪同的人听后，都不约而同地附和着点了点头……

这位权威人士走后没多久，"水稻雄性不育科研小组"的科研经费被取消了，就连尹华奇和李必湖每人每月仅18元的微薄工资也停发了。杂交水稻的研究又一次跌入了低谷。

这就像是一场没有硝烟的战斗！作为战士，只能前进，决不能退却。尹华奇和李必湖这两名血气方刚的年轻人感到非常气愤，他们弄不明白，为何杂交水稻试验这么重大的科研课题，会轻而易举地被取消。两人在情急之下给国家科委发去了一份求助电报，同时也给湖南省科委写了一封信，如实地反映了在杂交水稻研究中所遇到的各种困难和面临的问题。

国家科委对他们反映的情况十分重视，立即派了一位年近半百的专家来安江农校调查了解情况。他翻山越岭，走访了附近的许多村庄，然后又亲自下到学校的试验田里，察看了杂交水稻的试验情况，并对收集到的各种数据进行了认真的对比分析，充分地掌握了杂交水稻试验的第一手资料。

尹华奇和李必湖也在与这位专家的交谈中，详细地讲述了这些年来杂交水稻研究的辛酸苦辣，他们更是愤愤地为袁隆平老师受到的不公正待遇打抱不平。

这位专家听后，不停地在笔记本上记录着什么，询问一些具体情况，时而也点点头，但他对此未做任何表态。这令两位年轻人多少有些失望。

没想到，这位专家走后不久，湖南省科委和湖南省农业厅便联合派来了工作组，并确认尹华奇和李必湖反映的情况属实。他们认为杂交水稻研究对落实毛主席"以粮为纲"的指示，有着至关重要的意义和作用。他们经过慎重的考虑，决定将这个研究项目收上来，交由湖南省农业科学院主管，还专门成立了一个"湖南省水稻雄性不育科研协作组"，并立刻将袁隆平从低庄煤矿调了回来，而且还另外选派了几个人一道参与杂交水稻的研究。这是袁隆平连做梦也没有想到的，为此，他高兴得像个孩子。

对于袁隆平从 1964 年发现第一株天然雄性不孕株，到 1970 年的这 6 年，新华社曾做出这样的评价："6 年是多少个日夜呢？没有成功也就没有鲜花和掌声。这是追求理想锲而不舍的 6 年，这也是人类进行水稻革命最有意义的 6 年，难度之大，压力之大，条件之差，时间之长，超过了居里夫妇对放射性镭的艰苦探索。"

袁隆平心里再清楚不过了，当他被诬陷为所谓的"科技骗子"而感到孤独无助的时候，是他的两位弟子勇敢地站了出来，为他呐喊申冤，使本已变得非常恶劣的环境，再一次得到了改善，让人从渺茫之中又看到了一片亮光。

袁隆平与两位弟子之间的真挚情感，也在这种逆境之中得到了磨砺和考验。他们的友谊是建立在独立于人格之上的相互信任，相互理解，共同面对苦难，因为他们心中都有一个共同的梦想，于是齐心协力为一份共同的事业而奋斗。

梦想之舟要在科学的海洋里劈波斩浪，单靠一个人的力量是微薄的，只有船上的每个人都紧握双桨，共同拼搏，奋勇争先，才能划向理想的彼岸。

第七章

追赶太阳的人

袁隆平与别人下棋不同，他最擅长用"卒"。他觉得卒虽小，但力量无穷，在所有棋子中，卒的伙伴最多，五卒为伍，携手并进。特别是它们无论遇到什么样的危险，从不胆怯，从不后退，而是冲锋陷阵一往无前，直到夺取最后的胜利！

　　袁隆平师徒3人就像这勇往直前、从不退缩的卒子。他们常年顾不了自己的家，一年四季追赶着太阳，在北回归线两侧的大地上来回奔波，像候鸟迁徙一样南来北往。

候鸟向南飞

　　孔子说:"天行健,君子以自强不息。"袁隆平精神之可贵,在于他是以克服万难的勇气来对待自己的事业,又以平常心来对待自己的荣誉。他那超乎寻常的智慧,坚韧不拔的毅力,严谨的科学态度,扎实的工作作风,乐观向上的精神,无不散发着魅力,给人以极大的鼓舞。千百年来,正是这种自强不息、一往无前的精神,推动着中华民族历史的车轮滚滚向前!

　　湖南省农业科学院坐落在长沙市东郊的马坡岭,是全国最早的农业技术机构之一。新中国成立前,这儿聚集了一批爱国的农科专家、学者,他们大胆地引进西方的培育技术,通过多年的探索,获得了成功。新中国成立之初,经过他们改良的"胜利籼""万粒籼"等水稻品种和"岱字棉"等棉花品种,在湖南各地大力推广应用。如今,袁隆平和他的杂交水稻科研小组成员来到这里,仿佛又带来了一股科学的春风。

　　袁隆平是一个耐不住寂寞的人,他眼看着一年一季的禾苗绿了又黄,黄了又绿,时间在不知不觉间流失,心里非常着急。于是,他突发奇想,如果要加快育种的进度,就不能

第
七
章

追
赶
太
阳
的
人

仅限于在长沙和安江两地育种，因为这两地气候差异、温差变化不大，而且冬冷春寒。既然如此，为何不选择一个光照充足，冬春皆暖的地方去育种呢？当时，他马上就想到了海南岛和云南。这样一来，就可以充分利用冬春季节，每年就可以多育种一至两代，他就可以把一年当成两年用，真正地与时间赛跑。

从 1969 年开始，从每年的 10 月中旬至来年 1 月，当北风夹着丝丝寒意吹到洞庭湖畔，袁隆平便同李必湖、尹华奇两名助手，带着稻种和希望，像候鸟一样不知疲倦地往南"飞"去，寒来暑往，从不间断。

海南岛位于中国南端，是我国仅次于台湾岛的第二大岛，更是一座美丽富饶、历史悠久的海岛。这里属于海洋性热带季风气候，年平均温度在 22℃ ~26℃，雨量充沛。

袁隆平一行来到海南岛之后，觉得这儿光照充足，空气清新，风景优美，是一个"天然大温室"。在崖县（现三亚市）南红农场的大力支持下，他们在岛上选定了一块优质试验田，开始了冬季育种试验。如果在正常的情况下，杂种经过五六代自交性状才能够稳定下来。

湖南种植水稻按照正常季节可以一年两熟，即早稻和晚稻，单季稻是一年一熟，而这里优越的气候条件可以使水稻一年三熟。这就为杂交水稻早日试验成功赢得了宝贵的时间，一年当两年用。袁隆平在辛勤的劳动之余，幽默地对两名助手说："海南岛真是培育杂交水稻的'伊甸园'！"

可在当时，南红农场的条件极为艰苦，农田和住房都是租来的。袁隆平师徒3人只能以地当床，他们在一排竹竿上铺几把稻草和一些椰树叶子，再铺上一条破旧的床单，就算是一个"窝"了。两名弟子不忍心，便想方设法弄来了一张破旧的单人床，袁隆平却执意不肯睡床上。

尹华奇劝道："袁老师，您还是睡床上吧！总是睡地上会得风湿病的。"

"不碍事，你们睡得，我怎么就睡不得哩？"袁隆平摆了摆手说。

"袁老师，您年纪比我们大，睡床上多少舒服一点。"李必湖说。

袁隆平笑了笑说："你如果睡着了，就分不出是地铺还是总统套间了。"

白天，他们在田间劳作，炎热的天气使他们喘不过气来，稻田里的蚂蟥更是多得吓人。夜晚，他们点起煤油灯、菜油灯或蜡烛，在微光下读书看资料，写科研笔记，还要忍受蚊叮虫咬，他们却忙得不亦乐乎。

袁隆平热爱生活，热爱大自然，热爱江河湖海，喜欢这儿的阳光和土地，特别是当他看到播下的种子很快便长出了嫩绿的秧苗，心里有说不出的高兴。

袁隆平和尹华奇、李必湖每年都要在海南岛工作和生活四个多月，而且都是在冬季，所以，他们每年的春节大都是在这儿度过的。除夕之夜，是中国人最看重的时刻，也是家家户户团圆的日子。可为了伟大的事业，3个有血有肉、有情有义的汉子，只能围坐在破烂的茅草屋里，守着一个小茶炉，天南地北地神侃。有时，袁隆平为了逗这两个年轻人开心，就分别用武汉话、重庆话、南京话讲起他在不同城市里生活的故事，乐得他们合不拢嘴。用他们当时的话说，这叫"穷快活"。是呀，快乐的人并不是没有痛苦，而是不被痛苦所左右。

"独在异乡为异客，每逢佳节倍思亲。"夜深人静时，他们躺在床上，各自想着自己的心事。其实，他们的心早已飞回到了亲人们的身边，飞回到了久别的故乡！

窗外，又下雨了。袁隆平翻来覆去怎么也睡不着，他干脆爬起来独自坐在了窗前，思绪已飞向了遥远的地方——

此时，不知两个可爱的儿子睡觉了没有，说不定妻子邓则又在灯底下做针线活哩！这些年，也够难为她的，一个柔弱的女人独自支撑着一个贫穷的家，夫妻俩不足100元的工资，除了柴米油盐外，还要照顾两家的老人，真是够她操心的了！在她最需要帮助的时刻，自己却身在异地。无奈，他只能把对妻子和家人的思念写在家书里，折成千纸鹤，送到亲人身边。他们因育种试验的结果没有达到预期的目标，不得不一次又一次地推迟归期。

袁隆平点亮了一盏灯，慢慢地展开了一封家书。其实，这已经是他第九次看这封信了。可不知怎的，他突然感到，妻子的音容笑貌仿佛跃然在这字里行间，她的思念，她的问候，越过时空，越过千山万水，似水般柔情，抚慰着他寂寞的心田。

此情此景，不由得使人想起了唐代诗人李商隐《夜雨寄北》的诗句：

君问归期未有期，巴山夜雨涨秋池。

何当共剪西窗烛，却话巴山夜雨时。

农历新年正月初一，远处不时传来一阵阵充满喜庆的鞭炮声。眼下为了抢时间，袁隆平师徒3人连春节也顾不上休息，刚吃过早饭，便像往常一样又走进了试验田。他们赤脚踩在水田里，是最先感受到春天来临的人。金色的霞光，犹如一只神奇的巨手，徐徐拉开柔软的雾帷，整个大地顿时豁然开朗了。暖风吹过，秧苗在田里翻起绿色的波浪，全然没有北方隆冬季节那种萧条的景象。海南岛对袁隆平来说还真是一块宝地。

在海南岛进行杂交水稻试验，没有了人为的破坏，但还是发生了意想不到的事情，真令他们哭笑不得。事情是这样的，袁隆平师徒3人好不容易用劫后余生的几株秧苗，选育出了稻田中嫩绿的雄性不育株，而且精心地培育着这些比金子还珍贵的"遗孤"，可一夜之间，这些可怜的秧苗再一次遭受了劫难。原来，这里有许多漂亮的小松鼠，它们时而树栖，时而穴居。它们虽然也捕捉鸟雀，却不是肉食动物。那天晚上，几只小松鼠在试验田里打了几个洞，把一些雄性不育秧苗咬断后拖进了洞中，嫩绿的禾苗成了它们的美味佳肴。这痛心的一幕令袁隆平师徒 3 人看得直摇头。所幸这些小松鼠还算是手下留情，它们只破坏了少许秧苗，大部分的秧苗还是保住了。

尹华奇半开玩笑地说："这是天意吧！雄性不育秧苗又一次绝处逢生。"

......

袁隆平是一位追赶太阳的人，他似乎要与时间赛跑。1969 年冬季，当湖南境内已是水瘦山寒之时，袁隆平带着尹华奇、李必湖以"湖南省水稻雄性不育科研协作组"的名义，又转战到了云南省元江县。

他们师徒 3 人来到元江县之后，租居在县农技站一间无人居住的简陋平房里。同时，他们还租用了该站的稻田作为育种繁殖的试验田。袁隆平知道，滇南和海南岛一样，冬暖夏长，也是育种的"天堂"。元江就是战场，他们不敢有半点耽搁，放下行囊便不分白天黑夜地干了起来。他们一边浸种催芽，一边耕整土地，尽管苦一点、累一点，但他们没半点怨言。用他们自己的话说，这叫自讨苦吃。

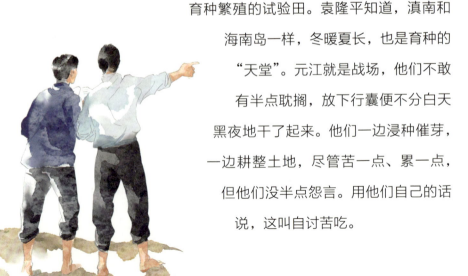

忙过了一阵子之后，他们便开始盘算：珍贵的不育稻种是 12 月 29 日下的水，也许明天就可以用小布袋悬挂起来催芽了。

"咚！咚！咚！"在傣族兄弟的象脚鼓声中，迎来了1970 年的第一个黎明。这天是元旦，身背象脚鼓的小伙子们从各村寨赶来，跳起了矫健、浑厚、灵活的象脚鼓舞。竹楼里的小姑娘们也穿着傣族服饰走出家门，来到宽阔的场地，踏着节奏鲜明的鼓声，像一只只美丽的孔雀翩翩起舞。他们表演的目的在于驱灾避邪，庆贺丰年。丰年就意味着大家都能吃饱饭，这是人们生存的基本需求。在傣族人心中，大象就是五谷丰登、美满幸福的化身。

袁隆平是一个爱热闹的人，而且好奇心极强，加之多少还有一点音乐细胞，所以他很想去体验一番傣族的民族风情。但为了抢时间育种，他只能放弃了。他最热爱的还是稻田。

元旦这天，他带着两名助手照样下田干活。吃罢晚饭，他们苦中寻乐，将象棋往地上一摆，袁隆平便与尹华奇捉对厮杀起来。

袁隆平与别人下棋不同，他最擅长用"卒"。他觉得卒虽小，但力量无穷，在所有棋子中，卒的伙伴最多，五卒为伍，携手并进。特别是它们无论遇到什么样的危险，从不胆怯，从不后退，而是冲锋陷阵一往无前，直到夺取最后的胜利！

袁隆平师徒 3 人就像这勇往直前、从不退缩的卒子。他们常年顾不了自己的家，一年四季追赶着太阳，在北回归线两侧的大地上来回奔波，像候鸟迁徙一样南来北往。他们一年到头在湖南、云南、海南三地跑，要栽种三四季水稻，他们的劳动强度不输农民，甚至更辛苦，而他们的生活条件却比农民还要差许多。

有人不解，袁隆平他们究竟图什么呢？这个问题其实不难回答，因为他们心中都有一个绿色的梦。

生死攸关

滇南的夜晚一片静谧，风儿不刮了，树叶不响了，只有一些不知名的小昆虫发出微弱的声音，让人感觉到四周生命的存在。忽然，外面传来一阵急促的尖叫声，袁隆平从睡梦中惊醒，紧接着，就听外面轰隆一声巨响。刹那间，大地在晃动，床铺也在左右摇晃，天花板上的石灰一块一块地往下掉落。袁隆平来不及细想，便大声喊道："地震了，快起来，往外跑！"他叫醒两名弟子，一起冲出房门。

尹华奇慌忙跑出来后突然想起了什么："种子还在里面呢！"说完就要往屋里冲。

李必湖也急了："我去把种子抢出来。"

在这个紧要关头，只见袁隆平冲上前去，一把将尹华奇按倒在地上，另一只手迅速拉住李必湖，大声吼道："你们赶快蹲下，保住性命要紧。"他话音未落，就听"轰隆"一声巨响，他们租住的房屋倒塌了。霎时间，周围一栋又一栋的房屋接连塌陷，那震起的灰尘在天空中狂舞，这儿很快便变成了一片废墟。

危险，真是太危险了。袁隆平师徒3人可以说是死里逃生。

第七章 追赶太阳的人

尽管他们躲过了一劫，可那些催芽的种子却被埋在了瓦砾里。他们一个个急得像热锅上的蚂蚁——团团转。

据报道，1970年1月5日凌晨，云南通海、峨山、建水等地，发生了7.8级大地震。元江县距离峨山县仅100多千米，震感强烈，余震频繁。

屋漏偏逢连夜雨。当天夜里又下起了大雨，他们师徒3人都只穿了背心和短裤，在雨中被淋得像落汤鸡，冷得浑身发抖。忽然，远处一束手电筒的亮光，渐渐地在向这里靠近。袁隆平定睛一看，原来是农技站的党支部书记老周冒雨探望他们来了。老周见他们3个人都安然无恙，便松了口气，但仍有些担忧地说："你们不要命啦？这儿是危险区，你们赶紧离开这里才行。"

"离开？"袁隆平用手指着眼前的废墟，大声道，"我们的种子全都被埋在了里面，我们离得开吗？这可是我们的命根子。"

"你们如果连命都没了，还哪里有命根子。"老周气鼓鼓地瞪着他们说。

天刚蒙蒙亮，老周就派人帮他们从废墟里扒出了衣服、被褥等物品，但这些东西对于袁隆平来说微不足道，最令他着急的是那些珍贵的种子。所以，农民兄弟们又经过两个多钟头的寻找，终于从瓦砾中扒出催芽的稻种。直到这时，袁隆平师徒3人才真正松了一口气。

老周走近袁隆平，半开玩笑地说："老袁哪，我工作了

20多年，什么样的人没见过哩！可像你这么倔强的人，不瞒你说，我还真是头一次见到。"

袁隆平用手抓了抓脑袋，露出那"刚果布式的笑容"，有些不好意思地说："没办法呀，老周。老百姓饿肚子我心里头着急啊！"

老周没再说什么，只是默默地点了点头。随后，他立刻又派人在农技站的水泥球场上，用塑料布给他们搭起了一个临时的帐篷，在水泥地上垫几把稻草，在上面铺一张草席，再将被褥往上面一放，就算是睡觉的铺了。袁隆平看到这些，紧紧地握住老周的手，感激地说："真是太谢谢你们了，你们就是我们的亲人呀！尽管这里条件确实艰苦，但我们感到很温暖。"

老周听他这么一说，反倒有些不好意思了："这是我们应该做的，与你们千里迢迢来这儿搞科研相比，这又算得了什么哩！"大伙儿相视而笑……

浸了水的稻种眼看就要催芽了，可地震后的设施实在是太简陋了。怎么办？他们3人一合计，便想出一个妙招。他们在帐篷顶上系上一根麻绳，将浸泡在铁桶里的一个个装着谷种的小布袋，轻轻地捞了出来，然后挂在麻绳上。每隔几个钟头，他们便给稻种浇一次水，好让稻种在布袋里尽快发芽。袁隆平真是一个乐天派，他笑称这是"悬梁催芽法"。

没过多久，余震又一次发生了。这时，袁隆平师徒3人正在简陋的帐篷里忙碌着，当看到挂在麻绳上的小布袋随着

第七章 追赶太阳的人

大地的晃动也在不停地左右摇摆时，他们相视一笑。尹华奇将铺上的被子整了整，说："我们是天当被，地当床，你震你的，我们干我们的。"

地震之后，袁隆平师徒 3 人完全可以重新选择育种基地，或者暂时停止育种试验，毕竟生命对于每个人来说都只有一次。但他们并没有这样做，而是冒着生命危险马不停蹄地继续试验。正是因为有了这些经历，他们才能蜕变成更好的自己。生活中那些看似痛苦不幸的经历，能教会我们坚强，随着时间的推移，我们才会慢慢明白，这一切，都是来日惊喜和成功的铺垫！

男儿有泪

在袁隆平的时间表里，只有育种的春天、繁忙的夏天、收获的秋天，几乎没有寒冷的冬天。为了加快育种试验，他和两名助手一年四季像候鸟一样南北迁徙，四海为家。在攻关的前 10 年里，他有 7 个春节都是在海南岛或云南育种基地度过的。妻子生孩子时他也不在身边，令袁隆平至今仍感到愧疚的是，就连年迈的父亲在重庆病逝，他也未能赶回去尽一份做儿子的孝心。

那是 1974 年，这一年正好是袁隆平父亲的 70 大寿。他在组织攻克杂交优势组合关，没能赶回去为父亲祝寿，他心想以后还会有机会弥补。没想到就在这年年底，他父亲患胃癌开刀，生命垂危。妻子邓则接到电报马上从安江赶到重庆，在病床前尽心服侍老人。老人在弥留之际嘴里一直念着袁隆平的小名："二毛，二毛……"邓则见状，心里非常痛苦，硬要给在海南育种的袁隆平发电报，催他马上赶回来为父亲送终尽孝。老人却说："他忙的是大事，别让他分心。"没过多久，老人就安详地走了。

噩耗传来，袁隆平真是悲痛欲绝，追悔莫及，他恨自己是一个不孝之子。可是山高路远，他只能独自一人跑到旁边的一个小小山头上，双膝跪地，遥望着重庆的方向猛地叩上几个响头，默默地流下伤心的眼泪。他一个人在那里一声不吭地坐了很久很久。

光阴似箭，袁隆平在安江农校任教已经整整 20 年了。在这里，他洒下过辛勤的汗水，留下过耕耘的足迹，杂交水稻的绿色梦想更是时常在他心头缠绕。特别是离开农校，开始"南繁"育种的日子里，袁隆平夫妻两人一直过着牛郎织女般的生活，家书成了他们心与心相连的纽带。从他众多的家书中随便选出两封，也能让人从字里行间感受到袁隆平对父母、对妻子、对子女那份真挚的爱。

则妻如面：

上月 24 日离家，今天是 3 月 9 号，屈指一算，离开你们才 13 天，却觉得过了很长一段时间似的。这说明我对亲人切切思念的心情。其中一个主要因素，恐怕就是对你双腿有时感到乏力的担心。唐医生所开之药的效果怎样？如果仍无好转迹象的话，应尽早去怀化诊断，并速来信告我，以便来长沙医治。

近日老母亲身体如何？感谢你替我在老母亲身前尽孝。

寒假期间，我自由自在，得到了充分的休息。但也有一件事使我感到遗憾和内疚，即对五二、五三（大儿子袁定安，小名五一；二儿子袁定江，小名五二；三儿子袁定阳，小名五三）的学习抓得不紧，父不严，加上母又太慈，致使孩子学习不好，是我之过也。前几天在北京新华书店看到《文科综合辅导与训练》一书，特给五二购一本，希望他认真地看看，同时你也要督促他做习题。

……

往事最能勾起人们美好的回忆，但对追求完美的袁隆平来说，往事似乎多少又有些苦涩。袁隆平常为自己过去对家人，尤其是对妻子的关爱不够而深感内疚，特别是结婚时因经济拮据没有给妻子买一件像样的新婚礼物，心里一直有些过意不去。1985 年 5 月，袁隆平在赴菲律宾的前夕，特地托人从北京给妻子捎了点礼物，还写了一封短信：

则妻：

我在京给你买了两条裙子和一件汗衫（两黑一深蓝）。这是我第一次买裙子，不知什么号码适合你穿，只好买两条供你选择。这些东西我托人带回长沙，待回国后再来安江。

家中老母和年幼的孩子们全靠你当家和照顾。我经常在想，有你这样一位贤德的妻子，的确是我和全家的福气。希你多保重自己的身体，加强营养和加紧治病。余再谈。

……

不难看出，似乎每一句话语，都是一份无尽的牵挂，都是一份爱的承诺，都是一份沉甸甸的责任！

妻子邓则确实非常不容易。这些年来，丈夫经常在外地工作，她除了要在农技站上班之外，上要照料卧病在床的婆婆，下要抚育 3 个未成年的孩子，生活上还要精打细算过日子。尽管如此，她却任劳任怨，她认为一家人和乐融融，幸福安康，才更能让袁隆平一心一意搞科研。

1982 年除夕，是袁隆平开始到南方育种 10 多年后第一次回家过春节。正月初二那天，妻子邓则突患急性病毒性脑炎，被紧急送进了怀化地区医院抢救。真是祸不单行，没过几天，袁隆平 80 岁高龄的母亲也患了重感冒，在家卧床不起。紧接着，岳母也因脑血栓住进了黔阳县医院。

这接二连三的倒霉事，弄得袁隆平真有些措手不及，一下子忙坏了本来就不善于操持家务的他。

当时，邓则躺在病床上已经深度昏迷，将近半个月都没有睁开眼睛，全靠医生输液来维持生命。袁隆平白天要精心照料病中的两位老人，晚上几乎都陪伴在妻子身边。看着妻子苍白的脸，袁隆平总是说："都是我不好，都是我不好。"

在接下来的 10 多天里，袁隆平为妻子擦身子、换衣服，一勺一勺地喂鸡汤。有时候，他还为她背唐诗，讲故事，轻轻地用英语唱《老黑奴》……也许是苍天有眼，邓则终于慢慢地睁开了眼睛。她神情恍惚地看着丈夫，深情地叫了一声："袁先生，辛苦你啦！"袁隆平听后只是抿嘴一笑。一个月后，邓则出院了，幸运的是她没留下任何后遗症。

1982 年 8 月，袁隆平的岳母因患癌症住院，情况十分危险。就在这个时候，组织上要安排他出国访问。袁隆平还真有些左右为难了。细心的邓则一下子就看出了他的心思，便对他说："这样的机会难得，你就放心出国去吧。母亲有我照顾，不会有事的。"

就这样，袁隆平怀着忐忑不安的心情走了。可当他从国外访问归来时，岳母的坟茔已长出嫩嫩的小草。对此，他非常愧疚："那一年父亲去世，我未能送终；而今岳母离去，我又未能尽孝。真是忠孝难两全呀！"

妻子邓则忍住悲伤，安慰道："你把杂交水稻搞成功，能让天下的老百姓有饭吃，就是对老人尽了最大的孝。"

袁隆平其实是一个有血有肉的七尺男儿，他何尝不想陪在妻子身边，教育孩子尽父亲之责，在父母面前尽一份孝心呢？只因为，在他心里始终装着一个"大爱"，要造福天底下所有的人！

发现"野败"

冰心曾说："成功的花，人们只惊羡她现时的明艳，然而当初她的芽儿，浸透了奋斗的泪泉，洒遍了牺牲的血雨。"自1964 年发现第一株雄性不育株以来，袁隆平和他的助手已经先后用 1000 多个品种的常规水稻，与最初找到的雄性不育株及其后代进行了 3000 多个测交和回交试验，却始终没有找到一个能使他们的雄性不育系后代不育率达到 100% 的水稻品种。也就是说，6 年多来，他们还没有为不育材料找到一个真正有用的保持系品种。

夜阑人静，袁隆平躺在铺上久久地不能入睡，脑子里塞满了"为什么？"。他索性披上衣服，走到办公桌旁，把几年来的观察记录、试验报告和工作日志统统都翻了出来，像看电影一样，让往事一幕一幕地在脑海里播放，想从这堆乱麻中理出个头绪来。突然，袁隆平脑子里灵光一现，又冒出一个特大的问号：难道是水稻的试验材料出了问题？

袁隆平懂得，科学研究本来就是一个探索的过程，没有现存的模式可套，也没有捷径可走。要取得突破，就必须进行多方面的试验，决不能一条路走到黑。他广开思路，重新调整了试验方案,提出了"用远缘的野生稻与栽培稻进行杂交"的新设想。现在最关键的问题,就是要尽快寻找到野生稻!

他将这个想法告诉了尹华奇和李必湖,而且还跟他们详细地讲解了野生稻的发源地、特征、特性以及为何要走远缘杂交这条路的理由,希望通过这一新的方案打破杂交水稻研究多年的僵局,寻找到新的突破口。听完袁老师的讲解,两名助手深受启发,兴奋不已,他们似乎又看到了希望。

1970年6月,湖南省农业科学技术经验交流会在常德市召开。袁隆平不仅出席了会议,而且在大会的第一天,湖南省委的主要领导还仔细观看了杂交水稻研究展览,认真听取了汇报,充分肯定了他们的成绩。这给了袁隆平科研小组极大的鼓舞,更加坚定了他们攻克难关的信心和勇气。

当年秋天,为了抢时间,袁隆平又告别妻儿,带着尹华奇和李必湖来到了海南岛崖县的南红农场。他们一边浸种催芽,加快繁殖,一边寻找野生稻。然而,茫茫田野,绿色稻海,到哪里去寻觅野生稻的踪影呢?

袁隆平凭着自己多年从事水稻研究的经验,从一些文献资料和搜集到的上千份普通野生稻材料断定,古往今来,普通野生稻分为直立、半直立、倾斜和匍匐4种株型。海南岛是野生稻资源非常丰富的地方,那些远离尘嚣,生长在壑谷水泽中的野生稻,从洪荒时代起,在与大自然的抗争中顽强地生存下来。千百年来,没有人关注的这些"丑小鸭",如今摇身一变成了美丽的"金凤凰"。

第七章 追赶太阳的人

　　寻找野生稻的过程之艰难是可想而知的，袁隆平和尹华奇、李必湖常常是十天半月连续穿梭在茫茫荒野之中，走到哪儿就在哪儿就餐。有时，他们用随身携带的瓷口杯舀满水，在小溪边的鹅卵石上立起一个三脚支架，然后点燃枯枝败叶将杯子里的水烧开，待热水稍凉之后，他们一边嚼着馒头，一边喝着清泉水，看起来还有点悠然自得，可他们内心的苦楚又有谁知道呢？

　　白天，他们徒步跋涉，到处寻找野生稻，背包里面没有旅行者所必备的生活用品，有的只是一穗又一穗的稻谷标本；夜晚，他们踏着月色，回到简陋的大本营，只能从盆里掬起冷水来洗澡。那冷水渗入他们古铜色的皮肤，冰凉冰凉的，让人浑身颤抖。有时候，他们你泼我一瓢，我泼你一瓢，相互打闹嬉戏，就像 3 个活泼调皮的孩子。

　　1970 年 11 月中旬，南红农场试验田里播下的稻种发出了新芽，这让他们又惊又喜。袁隆平吩咐两名弟子在照料好试验田的同时，仍然要抓紧寻找野生稻。他准备独自上北京去查阅有关资料。他觉得进行杂交水稻的研究，单靠埋头苦干是不行的，还必须关注和了解国际育种研究的最新动态，借鉴国内外先进的研究成果，这样就可以少走许多弯路。

　　袁隆平这次的北京之行还真是收获颇丰。他在中国农科院的资料室里，从一份外文杂志上看到了一条令人震惊的信息。早在 1968 年，日本琉球大学教授新城长友在对水稻的研究中，实现了粳稻的"三系"配套，只是由于杂交组合优

势不明显，因而迟迟未能投入到生产应用。也就是说，这项研究目前还只有理论方面的价值，并没有成为一项实用技术。而袁隆平苦心研究的，正是这个尚未突破的世界顶尖课题！

这时候，袁隆平感到了一种前所未有的压力，时间如此紧迫，形势如此严峻，稍有迟疑和懒怠就会被别人抛在后面。为了祖国的荣誉，他决心尽快实现籼稻型水稻的"三系"配套，并将其投入到生产应用之中。只有这样，才能赶超美国和日本的研究技术；只有这样，才能消除别人对一个民族的偏见；只有这样，才能在杂交水稻研究领域抢占世界的制高点。

机遇总是偏爱那些有准备的人。只有练就了真本领的人，才能够在机遇来临的那一刻把握住。

1970年11月23日上午，南红农场的技术员冯克珊来到他们的住地，想了解一下他们的工作和生活情况。李必湖便同他聊起了野生稻的话题，还绘声绘色地跟他介绍了袁隆平老师讲过的关于野生稻的形状及相关知识，期望得到他们的支持和帮助。

冯克珊听后淡淡地一笑，说："你所说的野生稻，可能就是我们这儿所说的'假禾'。不过，这些'假禾'大都匍匐在沼泽地中，而且每年只抽一次穗。"

"真的？"李必湖似乎有点不敢相信，反复追问，"这是真的吗？"

冯克珊并没有做答，只是肯定地点了点头。

"走。"李必湖激动地连忙起身说，"我们一块儿找野生稻去。"

于是，冯克珊和李必湖赶着牛车，来到了离农场不远的一座铁路大桥旁的沼泽地。这儿杂草丛生，似乎很少有人来。见四周一片荒芜，他们便选择了一片早已无人耕种的荒田。

他们在这片荒芜的稻田里找呀找，太阳愈升愈高，汗水湿透了他们的衣裳。大约找了半个钟头光景，忽然，李必湖眼前一亮，他发现了一株生长异常的野生稻。只见这株野生稻分蘖成 3 个稻穗，其花药细瘦，呈火箭形状，色泽浅黄，不开裂散粉。李必湖初步断定这可能就是一株货真价实的雄性败育野生稻。

李必湖和冯克珊两人惊喜不已，高兴得跳了起来。李必湖情不自禁地连声道："找到了，找到了，雄性败育野生稻终于找到了！"

他们如获至宝，李必湖小心翼翼地将这株雄性败育野生稻连根带泥挖起，然后用衣服包裹住，那轻巧的动作如同呵护着一个襁褓中的婴儿，生怕它受到半点伤害。紧接着，他们把这株雄性败育野生稻移栽到了试验田里，与"广矮3784"品种栽植在一块，以便袁隆平老师回来之后再做最后的鉴定。与此同时，李必湖欣喜若狂地给北京挂了一个长途电话，将这个特大的喜讯告诉了袁隆平。

听到这一消息，袁隆平兴奋不已，连夜风尘仆仆地从北京赶往海南。一路上，火车上没有座位他就站着，口渴了他就忍着，肚子饿了就随便买几块饼干充饥，好像一点也不觉

第
七
章
追
赶
太
阳
的
人

得累。当他赶回南红农场，已是翌日清晨。在车船上颠簸了一天多的袁隆平实在是有点累了。尹华奇早就给他准备了一杯热茶，李必湖也劝他先休息一会儿。可他把行李一丢，说："还休息什么，快！赶快带我去看看。"

他们穿过迷蒙的雾霭，踏着晶莹的露珠，大步流星地走近那株野生稻。来到试验田，只见那株野生稻含着地低着头，那绿色的禾苗像秀发一样在微风中轻柔地飘动，乳黄色的长蕊散发出一阵阵清香。

袁隆平看到这株野生稻后，他先是一喜，但马上又冷静了下来。他知道，科学研究是不能有半点侥幸的。旋即，他分别采集了 3 个稻穗上尚未开放的小花朵，放在 100 倍的显微镜下仔细观察。当他从中看到花朵内含大量各种不规则形状的碘败花粉粒时，心中甚喜。经过反复辨认，他激动得大声叫了起来："妙！真是太妙了！这确实是一株天然的雄性败育野生稻啊！"

"真的？"李必湖连忙问。

"千真万确。"袁隆平显得非常自信。他当即给这株雄性败育野生稻命名为"野败"。

说到"野败"，这里还有一段有趣的故事哩！一天，某电视台的记者来采访，袁隆平谈起了发现"野败"

的经过及意义。因"野败"这个词多次出现在电视屏幕上，许多热心的观众看到之后便给电视台打来电话，说"野败"的"败"字写错了，应该是"野稗"。他们只知道"野稗"是混迹于稻田中的主要杂草，农民一旦看到就会将其拔除。他们却不知道，"野败"是袁隆平专门为李必湖发现的野生雄性败育稻而取的专有名词，差一点闹出笑话来。

事后一些好奇的人又不解地问袁隆平："世界上为什么会有'野败'呢？"

袁隆平对待科学的态度是十分严谨的，他认真地回答道："'野败'本来是一粒野生的种子，可不知是什么时候，也不知是哪一类候鸟将它吞进了肚子里，它分泌的胃液将其雄性抹去了，却保留了它的雌性，随后又将它排出了体外。命运使得这粒种子飘落到这片美丽的沃野，落地生根，茁壮成长。李必湖和冯克珊的伟大发现，又赋予了这个生命重要的历史意义。"

"野败"的发现，为袁隆平的杂交水稻事业打开了一个突破口，在杂交水稻研究过程中具有里程碑意义！

是啊，人与大自然原来是有诸多机缘的。长江遇到了苏东坡，才会有"大江东去，浪淘尽，千古风流人物"的传世辞章；洞庭湖遇上了范仲淹，才会有"先天下之忧而忧，后天下之乐而乐"的千古绝唱。"野败"遇到了袁隆平，才有可能实现"世界不再饥饿"的绿色梦想！

翻开世界科学史，人们一定对偶然的发明、发现在推动科学发展中起到的巨大作用有非常深刻的印象，如：微生物的发现，接种牛痘疫苗预防天花，青霉素的发现等。

这些发明创造背后都有一个共同特点：当事人不仅亲眼见到了这些事物，用心领悟并很快抓住了事物的本质。这就是科学工作的本质，机会成就了有心人。

从袁隆平身上，我们强烈地感受到：乐观主义者能从每一次灾难中看到机遇。

为了世界不再饥饿

袁隆平和他的弟子们，给了世界一个惊喜！如果从人类战胜饥饿的漫长历史来看，这是一个运用科技手段增产丰收、造福人类的重大突破；如果从世界农作物育种史来看，这是 20 世纪继杂交玉米获得成功之后的又一重大科研成果；如果再从国际社会快速发展知识经济的角度来看，这是我国拥有完全自主知识产权的又一重大科技发明。

攻克世界难题

美丽的海南岛自从发现"野败"之后，崖县南红农场顿时声名远播，真正成为育种专家的"天堂"。每年冬季，全国各地的农业科技工作者也像候鸟一样，"飞"到这儿来进行杂交水稻的育种繁殖。久而久之，人们称到南方育种繁殖为"南繁"。

一粒必将改变世界的种子已经找到了，但我们不得不承认，这还只是寻找到了一个重要的突破口。的确，"野败"的发现给杂交水稻的研究带来了曙光，但绝不能盲目乐观。这是因为，"野败"除不育性之外，其他性状与普通野生稻大体相同，尤其是在生产上还无直接利用的价值，必须进行精心的转育程序，才能够将"野败"的不育基因转入到栽培稻，然后培育出生产上所需要的不育系、保持系和恢复系来，直到最终达到"三系"配套，才能最终应用于大田生产，这中间还有很长的一段路要走。

当时许多人对袁隆平的杂交水稻试验还是半信半疑的，真正相信他的人寥寥无几。没想到湖南省农业厅贺家山原种场的周坤炉和湖南农学院的青年教师罗孝和等人，却对杂交水稻研究情有独钟，他们带着绿色的梦想，跟随袁隆平一起赴海南协作攻关。在当时人们普遍不看好杂交水稻的情况下，这样的行为是对袁隆平杂交水稻研究强有力的支持。

从湖南省隆回县金石桥镇走出来的罗孝和，年龄与袁隆平差不了多少，他性格直爽，憨厚随和，爱开玩笑，大伙儿给他取了一个"乐呵呵"的外号。他原本是湖南农学院派到海南来繁育杂交玉米的。对此，袁隆平有些不解地问："你为何要改行搞杂交水稻呢？"

罗孝和不假思索地说："水稻是我国的主要农作物，作为农民的儿子，我对水稻有着非常深厚的感情！"

袁隆平高兴地点了点头。从那时起，罗孝和就正式成为了袁隆平的得力助手。

是将"野败"这一最新实验材料封闭起来"闭门造车"，还是让更多的科研人员协作攻关呢？在这个问题上，袁隆平没有丝毫的犹豫，他不仅没有一点私心，而且表现出了一种超然的大将风度。其实，当时还没有多少人知道"野败"的真正价值，要保守住这一秘密也并不是一件难事。但是，袁隆平并没有这样做，因为他心中装着的是整个世界。

1971年春，国家科委和农业部（现农业农村部）决定组织全国性的协作攻关。袁隆平觉得这是一个千载难逢的好机会，俗话说人多力量大，多一个人参与研究，杂交水稻就可能早一天实验成功！于是，他毫无保留地向全国各地的农业科技人员报告了他们的研究成果，还慷慨地把辛勤培育了近一年的"野败"材料分送给各个协作单位，力求"三系"配套早日获得重大突破。

当"野败"第二代拔节抽穗的时候，湖南、湖北、广东、广西、江西、福建、新疆等 13 个省、自治区、直辖市的 18 个协作单位的 50 多名农业科技人员，又先后赶到了崖县的南红农场，一道参与试验，共同协作攻关。当时，全国各地闻讯赶来参观的，或者慕名前来拜师求教的人更是络绎不绝，南红农场顿时热闹非凡，呈现出一派生机勃勃的喜人景象。

海南岛是一片神奇的沃土，袁隆平眷恋着这里的山山水水，深爱着这儿的农民兄弟。在这片希望的土地上，白天，袁隆平在试验田边手把手地给来自全国各地的科技工作者讲授杂交水稻的操作技术；夜晚，袁隆平不顾劳累又给大家讲授杂交水稻的理论课，把自己多年积累的经验毫无保留地传授给各位同行。特别有趣的是，袁隆平还在自己简陋的住所开设了课堂，架起黑板，办起了杂交水稻研究的速成班。

袁隆平讲课十分认真，又不乏幽默，话语里充满着激情："各位同仁：这 7 年，我们利用野生稻实行远缘杂交，确定了寻求突破'三系'的新思路。几千年以来，水稻固执地按照自己的规律生长，它的产量始终提高不了。我们今天的研究和实验，就是要利用远缘的雄性败育野生稻与栽培稻杂交，打破水稻原有的固执，改变水稻几千年来自花授粉的模式，从而提高粮食产量，让天下人能够吃饱饭……"

袁隆平语言生动、形象逼真的演讲很快将大家吸引住了，他那无私的胸怀，高尚的品德和对杂交水稻研究的执着，赢得了全国各地科研人员的尊重，他自然而然地也就担当起了中国杂交水稻研究的总设计师，带领大家向绿色的世界迈进！

俗话说："人心齐，泰山移。"在短短一年多的时间里，袁隆平师徒 3 人和来自全国各地的 100 多名农业科技人员一起，利用上千个品种与"野败"进行了上万个回交转育，这极大地加快了杂交水稻研究的步伐，终于结出智慧的硕果。

袁隆平、周坤炉等育出了"二九南 1 号"不育系、"威20"不育系和保持系；

福建的杨聚宝等育出了"威 41"不育系和保持系；

江西萍乡市农业科研所的颜龙安等育出了"珍汕 97"不育系和保持系。

……

眼下的育种形势正在朝着袁隆平所设计的方向发展，可不知为什么，他怎么也高兴不起来，甚至还有些焦虑，因为最关键的恢复系至今还没有找到。如果"三系"不能配套，就不可能培育出用于大田种植的高产杂交稻。

接连不断的问题又摆在了袁隆平的面前：水稻"三系"能不能配套？杂交水稻研究和实验能不能成功？

这些疑问都成了当时理论界争论的焦点。尤其在这个时候，还有一些学术权威人士在一旁冷讥热讽："三系三系，三代人也搞不成器。"

在这种情况下，有些人开始动摇了，不少地方的杂交水稻研究受部分权威人士的影响而纷纷下马，欣欣向荣的良好局面又逐渐冷清下来。袁隆平看在眼里，急在心头，他弄不清杂交水稻的研究为什么如此艰难？他更为一些单位中途放弃杂交水稻的研究而惋惜和痛心。但袁隆平毕竟是袁隆平，他绝不会轻易被理论界的这些质疑所左右，更不会退缩，他用瘦弱的身躯顶住了来自方方面面的压力。尽管心力交瘁，但为了心爱的杂交水稻事业，他无怨无悔。

面对成功与失败，袁隆平一直保持着清醒。他想，就算自己的研究失败，至少可以让人类逐渐接近成功的目标。特别是经历过饥荒岁月的他，更有一种对饥饿的危机感和摆脱饥饿的使命感。他要与饥荒赛跑，时间不容许他有半点耽搁，特别是在中国这样一个人口众多的泱泱大国，每一点耽搁，都是以天下苍生的生命为代价的。

曲折，在人生的旅途中难以避免。面对曲折，有人失去了奋进的勇气，熄灭了探索的热情，有人却扬起了前进的风帆，从而磨炼出坚韧不拔的性格。袁隆平的助手罗孝和在湖南省农科院的试验田里种了一丘四分地（约等于 267 平方米）的"三超稻"，希望产量超过父本、母本和对照品种。当时，禾苗生长浓密，杂交优势明显，引起了人们极大的兴趣，一些领导视察之后更是赞不绝口。

可当秋天收割的时候，那"三超稻"的产量比对照品种"湘矮早 4 号"的产量多不了几斤，只是稻草的重量增加了一倍。

一些过去对杂交水稻持怀疑态度的权威人士又跳了出来，

并以此为由嘲笑：水稻即使有杂种优势，也只能表现在稻草上，而不是稻谷上。要是人能像牛一样吃草，杂交稻的优势就很明显了。可惜呀可惜，人吃的是饭，而不是草！

有时，生活中的一些流言蜚语甚至比洪水猛兽更可怕。这件事把心地善良的罗孝和搞得心灰意冷，整天一副愁眉苦脸的样子。

袁隆平知道罗孝和心里憋了一肚子气，便走过来用手轻轻拍了拍他的肩膀，安慰道："老罗呀，千万不要灰心丧气，既然是搞实验，哪有不失败的哩！"

罗孝和慢慢地抬起头，像是受了很大委屈似的："你还不知道呢？有人在背后骂我们是'草包学士''科技骗子'，还有更难听的话哩。"

听到这话，袁隆平头上青筋直往外突，但他很快控制住了胸中的怒火，安慰道："别跟那些人一般见识，他们骂他们的，我们搞我们的实验。最后还是让事实来说话吧！"

"好。"罗孝和听到这话心里亮堂了许多，他紧紧地握住了袁隆平的手。

此刻，袁隆平的心情也平静了一些，他接着说："气可鼓而不可泄。仅从这次实验来看，表面上也许是失败了，实际上却蕴含着极大的成功机遇。稻草能成倍增长，这就说明杂交优势在水稻这个自花授粉的作物上是客观存在的。下一步，我们的主攻方向就是改良组合，尽快将优势转移到稻谷上来。"

罗孝和听了这一番精辟的分析，心里更加佩服袁隆平的远见卓识，心中的烦恼顿时烟消云散了。

幸运的是，在这紧要关头，杂交水稻研究迎来了转机。1972 年 3 月，杂交水稻研究被国家科委列为全国重点科研项目。同年 9 月，在湖南长沙召开了第一次全国杂交水稻科研协作会，形成了全国范围的科技攻关协作网。许多农业科研机构和一些大专院校还组织专门力量，分担了杂交水稻的基础理论研究任务。他们同育种工作者密切配合，对水稻"三系"配套分别进行细胞学、遗传学、生理生态学等方面的重点研究。

在这样一个大好形势下，袁隆平只得又一次告别家人，带着十几名助手从长沙赶赴海南岛。在长沙的时候，他们就已经将稻种浸湿催芽，又怕途中稻种变坏，这可怎么办呢？

周坤炉灵机一动，笑着说："没关系，我有办法。"只见他将浸过的谷种用小布袋装好，然后再捆绑在自己的腰上。因为人的体温正好是催芽所需要的温度，这样就能确保稻种在途中不会变坏。尽管浸湿的稻种捆绑在身上确实很难受，但为了催芽，他也就管不了那么多啦！

飞速的列车在轰隆轰隆的颠簸声中向前急驶，窗外的景致从眼前掠过。列车上挤满了人，早已没有了座位，几个助手便把行李堆在车厢连接处的过道边上，给袁隆平当"软坐"。一路上，他们轮流讲着故事，开着玩笑，谈笑风生，好不惬意。

他们到达南红农场后，周坤炉忙将捆绑在身上的稻种解下来。袁隆平打开一看，稻种比预料的要好得多，便立即播

第八章 为了世界不再饥饿

种到了试验田里，大伙儿的脸上堆满了笑。

一分耕耘就会有一分收获。1973 年，在突破了水稻"不育系"和"保持系"之后，全国各地的科技人员齐心协力，广泛选用我国长江流域、华南地区以及东南亚、非洲、美洲、欧洲等地约 1000 多个品种进行测交筛选，从中找出了 100 多个具有恢复系能力的品种。袁隆平、张先程等率先在东南亚品种中，找到了一批优势强、花药发达、花粉量大、恢复率在 90% 以上的"恢复系"品种。

同年 9 月，在湖南省农业科学院的试验田里，袁隆平和周坤炉等转育的"二九南 1 号"不育系、"威 20"不育系和保持系，经过连续 3 年共 7 代的测交和回交，有 10 个株系共 3000 株实验稻，终于达到了 100% 不育，且性状达到了与父本完全一致的标准。

袁隆平的睿智就在于，他能透过现象看本质。他认为失败的事情中往往蕴含着成功的希望，一些人只看到表面的失败，就灰心丧气了，也就放弃了成功的希望。

当初不是曾有人预言"三系三系，三代人也搞不成器"吗？实际上，在不足 3 年的时间里，袁隆平带领他的弟子们攻坚克难，顽强拼搏，终于将雄性不育系、保持系、恢复系配套成功了。

这确实是一个振奋人心的大好消息，因为"三系"的配套成功，预示着我国在全世界率先应用水稻杂交优势的时刻即将到来。而这个成功，与其说是一杯美酒，不如说是一杯苦酒，因为它是由许多失败的苦果酿成的。

袁隆平的秘书辛业芸说："这就是袁先生胆识过人之处。面对困难，袁先生毫不退缩，总是善于抓住关键，凭借丰富的实践经验，为突破困难，做出理想设计，再到实践中寻求答案。从理论到实践，再到理论，再回到实践，直至获得成功，这就是袁先生成功的秘诀。"

1973 年 10 月 18 日，这是一个值得纪念的日子。在苏州召开的全国水稻科研会议上，袁隆平宣读了题为《利用"野败"选育"三系"的进展》的论文，他向全世界郑重地宣告：中国籼型杂交稻"三系"配套成功了！

在接下来的日子里，为了攻克制种高产难关，袁隆平深入田间地头，几乎不分昼夜。

太阳晒——他总是面朝黄土背朝天，弯躬的背脊是他留给田野的姿态。

大风起——他不是在实验室，就是在试验田，或者是在去试验田的路上。

暴雨倾——他戴着一顶斗笠，因为最适合他的地方就是稻田。

……

袁隆平经过一段时间的仔细观察，终于发现了杂交制种的奥秘。他觉得问题的关键并不是某些权威人士说的花粉量少、花粉寿命短，而是水稻父本和母本的扬花时间不同步。因为，水稻是开颖授粉，花粉轻小而且非常光滑，裂药时几乎可以全都散出，如若借助风力可以散播 40 米左右的距离。这些保留下来的风媒传粉的特征特性，恰好就是打开制种高产之门的金钥匙。

就单个花药和稻穗来看，虽然水稻的花粉数量比玉米和高粱要少一些，可水稻的总颖花多。据测定，"南优 2 号"的父本平均每个花药大约有 600 粒花粉，按照制种田亩产父本 150 千克估算，每亩约有花粉 300 亿粒，以 10 天散粉的时间算，则每天每平方厘米面积上的花粉数量可达 450 粒左右，完全可以满足母本受精的要求。然而怎样才能使父本和母本扬花同步呢？

"农民是最好的老师。"袁隆平长期生活在农民当中，也把自己当作一名普通农民，所以对农民有着一份特殊的感情。在他眼里，中国的农民不仅勤劳勇敢，而且有着丰富的耕作经验。在研究如何提高种子扬花受孕过程中，中国农民的智慧帮了他一个大忙，那就是"一把剪刀加一根绳子"。方法其实出奇的简单，当稻种抽穗时，用剪刀将过多的稻叶剪掉，便于花粉飘散受孕。随后，在水稻扬花之际"赶粉"，即两个人手里拉着一根长麻绳，各自站在稻田两边的田埂上，从一边慢慢地走向另一边，让手中的绳子在开花的稻穗上轻轻拂过，促使稻穗上的花粉充分飘散，从而实现人工辅助授粉。

别看罗孝和是一个"书呆子"，其实，他是个善于动脑筋的人。他发现父本和母本花器包颈的问题之后，觉得原先采用人工割叶和剥包的办法效率太低，再联想到"920"喷剂对植物细胞有伸展作用，于是，他试探性地在父本或母本的某一方抽穗稍晚时，适时喷洒"920"，结果发现母本花器包颈少了，颖花外露增多了，穗形松散了，开颖角度也加大了，催促了父本和母本同步抽穗，从而增加了授粉概率，提高了结实率。这样一来，既免去了剥包用工，还大大降低了制种成本。

没想到，就是这些来自田间地头的"土办法"，竟然将外国人许多年来无法克服的难关迎刃而解。这也恰好印证了袁隆平经常说的那句话："中国的农民最聪明！"

湛蓝的天空，翠绿的山峦和金色的稻田如一幅柔和的画卷展现在人们的视野中。从此，杂交水稻从三湘四水出发，呈星火燎原之势，迅速染绿了祖国的大江南北，迎来了金秋沉甸甸的收获。1976 年，杂交水稻示范推广面积扩大到 208 万亩，迅速在全国范围应用于生产。中国成为世界上第一个在生产上成功利用水稻杂种优势的国家。

袁隆平和他的弟子们，给了世界一个惊喜！如果从人类战胜饥饿的漫长历史来看，这是一个运用科技手段增产丰收造福人类的重大突破；如果从世界农作物育种史来看，这是 20 世纪继杂交玉米获得成功之后的又一重大科研成果；如果再从国际社会快速发展知识经济的角度来看，这是我国拥有完全自主知识产权的又一重大科技发明。

第五大发明

经历十多个春夏秋冬的潜心钻研，杂交水稻的科研难关一道道被攻克，中国成为世界上第一个在农业生产上成功利用水稻杂种优势的国家。"三系"杂交水稻的配套成功，带给袁隆平无数的花环，但他是一个淡泊名利的人，并没有沉醉于这些荣誉。他更是一位严谨的科学家，越是成功，就越要查找不足。这时候，他发现虽然"三系法"大幅度提高了粮食产量，但当进入到 20 世纪 80 年代之后，"三系"杂交水稻的产量也曾一度出现徘徊不前的局面。因受恢复基因限制，杂交稻种的亲缘关系比较近，导致杂种优势的潜力减小，产量难以再上台阶。另外，"三系法"的育种程序也比较复杂，周期长、速度慢、成本高、生产环节较多等，这些都难以适应市场不断的发展和变化。

一个目标达到之后，马上立下另一个目标，这就是成功者的人生模式。袁隆平的不同之处就在于他能不断地发现并攻克新技术，突破新难关，真正做到未雨绸缪。过去，常规育种进入杂交水稻育种的过程是由简到繁。敏锐的观察和理性思考，激发了袁隆平的创新灵感，他大胆地提出："三系法"

只是育种的初级阶段，杂交水稻育种的方法最终必须实现由繁到简，逐步实现从"三系"向"两系"再向"一系"迈进的战略目标。

要知道，这种新构想的提出，是需要一定的胆略和勇气的。袁隆平那前瞻而锐利的目光，使人们又看到了新的希望。在 1987 年的《杂交水稻》杂志第 1 期上，袁隆平发表了一篇具有里程碑意义的学术论文《杂交水稻的育种战略设想》，他高瞻远瞩，标新立异地提出了自己的新构想：育种方法要从"三系法"到"两系法"再到"一系法"，效率向越来越高的方向发展；杂种优势由品种间到亚种间再到远缘杂种优势利用，朝着优势越来越强的方向迈进。

袁隆平这种独特的育种战略理念，不久便被世界农业科技界称为"袁隆平思路"。

为此，国际水稻研究所所长斯瓦米纳森博士坦诚而风趣地说："国际上普遍认为，水稻高秆变矮秆是第一次绿色革命；而杂交水稻研究的成功和推广应用，可以说是第二次绿色革命。袁隆平先生的杰出贡献享誉世界。现在，他提出的新的战略构想将使杂交水稻的前景更加灿烂，魅力无穷。"

毋庸置疑，如今摆在袁隆平面前的，确实是一条前人从未走过的路。这条路是坦荡，还是曲折？谁也无法说得清楚。一些好心人劝告袁隆平："你如今已是著名的科学家，万一这次搞砸了锅，岂不是坏了自己的名声，你何必要冒这么大的风险呢？"

为了杂交水稻事业，袁隆平早已将个人名利抛在了脑后。他曾说："我们搞科研的如同跳高一样，当你跳过了一个高度后，又会有新的高度在等着你。你要是不敢跳，别人就会超过你。你如果大胆地跳了，即使跳不过去，那也没什么关系，至少可以为后人积累一些经验。为了世界不再饥饿，我个人的荣辱与得失又算得了什么呢？"

他不顾劝阻，一头扎进新的目标。简单地说，"两系法"就是要将原来的不育系、保持系和恢复系中省去保持系，而且要同样达到应用杂种优势。这又该从何下手呢？

往事仿佛历历在目，一件件又从袁隆平眼前闪过。

20世纪70年代初，安徽省芜湖农科所的江鸿志，曾经培育出了标记性状的恢复系与高产不育材料杂交制种，试图达到"一系两用"，虽说最后失败了，但这毕竟是国内"两系法"杂交水稻的最早尝试。

20世纪80年代初，袁隆平研究小组开始了"两系法"亚种间水稻杂种优势利用的系列试验，虽然也没有成功，但对于探索"两系法"亚种间杂交，也多少积累了一些经验。其实，无论你干什么事情，失败并不可怕，因为，探索中的失败也是有价值的。

湖北水稻专家石明松从"农垦58"晚稻田里，意外地发现3株雄性不育株很异常，它们在夏日的长日照条件下能够保持雄性不育，而在春天的短日照条件下却自动恢复雄性可育。1985年，这种水稻被定名为"湖北光敏感核不育水稻"。

想到这，袁隆平豁然开朗。他强烈地意识到，石明松的发现与他的思路是不谋而合的，充分利用水稻的光温敏特性，也许就是突破"两系法"的有效途径。

1987 年 7 月 16 日，李必湖的助手邓华凤，在安江的稻田里发现了一株受光、温条件控制的籼稻核不育株。袁隆平得知后，旋即从长沙赶往安江，顾不上喝杯水径直来到了试验田边。他仔细地观察了这棵稻株之后，脸上堆满了笑容，他说："从外表看，这极有可能是一株新的光温敏核不育材料。小邓呀，你可要精心地培育好这棵稻株，等结实之后再拿到海南去繁育，争取明年能够进行省级鉴定。"

邓华凤一听心里乐开了花，连连点头说："袁老师。您放心，我一定会好好繁育的，决不辜负您的期望。"在他的悉心呵护下，10 月份，这棵光温敏核不育株结下了 11 粒珍贵的种子。

在美丽的海南，他们经过对这些种子三代的培植和观察，证实了邓华凤找到的两系不育材料的农艺性状整齐一致，在安江盛夏高温和长日照的条件下，不育株的不育率均达到了 100%，并且保持不育的时间长达 50 天以上。而在这 50 天之前或之后抽穗扬花的，则全部表现为雄性可育，还能够自交结实。由此可以推断，这是一种新的光温敏核不育材料。

转眼到了 1988 年的夏天，湖南省科委在怀化召开了"两系不育"材料的鉴定会。袁隆平不仅亲自主持了鉴定会，而且高兴地将它正式命名为"安农 S-1"。

历史确实是惊人的相似，难怪袁隆平有些喜不自胜。他的

第八章
为了世界不再饥饿

助手李必湖 25 岁的时候，在海南发现了"野败"，给杂交水稻研究带来了一个惊喜。如今，李必湖的助手邓华凤 25 岁左右，在湖南又发现了能为"两系法"带来希望的"安农 S-1"！令人敬佩的是，科研成果"安农 S-1"被推荐参加当年全国科技进步奖的评选时，袁隆平本着实事求是的态度，耐心地说服他的学生和其他人，在呈报参评的课题上，坚决不挂自己的名字，而是让年轻人走上领奖台，自己甘愿当"人梯"，充分表现了他崇高的精神境界和淡泊名利的人格魅力。

1989 年 6 月 16 日，邓小平同志在一次谈话中说："农业问题也要研究，最终可能是科学解决问题。湖南的水稻原来增长 15%~20%，最近有个新发现，又可以增长 20%，证明潜力还是大的。科学是了不起的事情，要重视科学。"

邓小平所讲的"最近有个新发现"，就是指袁隆平的"两系杂交稻"，这对全国农业科技工作者来说，无疑是莫大的鼓舞和鞭策，真正是"随风潜入夜，润物细无声"。

的确，"安农 S-1"的发现，不仅冲破了制约"两系法"育种的瓶颈，而且使杂交水稻研究的崭新成果如雨后春笋般涌现出来，一个个新的光温敏核不育材料陆续被发现，还有的先后被转育成新的不育系。截至 1998 年底，全国已有 62 个水稻光温敏核不育系通过了省级鉴定，如罗孝和培育出的"培矮 64S"，已经充分显示出其高于"三系"杂交水稻的增产优势，可以说为"两系法"的推广应用立下了汗马功劳。在袁隆平"两系法"杂交育种理论的影响下，"两系法"杂交高粱、"两系法"杂交油菜、"两系法"杂交棉花等一系列农作物相继研究成功，农业出现了蒸蒸日上的丰收景象，农民的生活也"芝麻开花节节高"了！

要知道，"两系法"研究是我国独创的一项高新技术，是世界作物育种史上的重大革命，它不仅简化了种子生产的程序，降低了成本，而且还可以自由配组，这样就大大提高了选育优良组合的概率。如果说袁隆平"一粒种子改变世界"的不朽功绩是"红花"，那李必湖、尹华奇、罗孝和、邓华凤、周坤炉、石明松等人都是鲜艳夺目的"绿叶"，也应该被大家铭记。

国际上对袁隆平和他的团队成员们大加赞赏，许多西方人将杂交水稻誉为东方文明古国——中国，继指南针、造纸术、火药、印刷术四大发明之后，造福人类的第五大发明。

当然，对于一位具有献身精神的科学家来说，创新是没有止境的。袁隆平在完成"三系法"育种、"两系法"育种之后，又瞄准了一个新的目标，那就是利用无融合生殖材料固定杂种优势的"一系法"，最终实现一系杂交稻的战略设想。

实现"一系法"就不再需要年年制种，而且杂种优势无变异，能真正实现杂交水稻育种技术由繁到简的质的飞跃。袁隆平认为这是科技进步和社会发展的必然要求，也是农业科技工作者应该追求的目标。

向超级杂交稻极限挑战

1995 年，美国经济学家布朗博士在《世界观察》杂志上，撰文提出了"21 世纪谁来养活中国"的疑问。一时间，西方国家"中国粮食威胁"的论调铺天盖地袭来，几乎引起了一阵世界性的恐慌。因为，布朗向世界提出的不仅是一个"谁来养活中国"的问题，更抛出"一个养活不了自己的中国将如何危害世界"的问题。

的确，一个不容忽视的严峻现实是：中国的耕地在逐年减少，人口却在逐年增多。

面对布朗博士所提出的尖锐命题，袁隆平做出了坚定而自信的回答："我国的杂交水稻蕴藏着巨大的增产潜力，我们现在正在从事培育产量更高、米质更好的杂交水稻的科技研究，这对进一步提高我国水稻的产量和品质具有重要意义前景，再加上其他综合增产措施，中国完全有能力解决自己的吃饭问题。"

从那时起，一个大胆的新构想又在袁隆平心中回荡着，这就是杂交水稻探索的第三部曲——超级杂交稻。

超级杂交稻，简单地说就是超高产优质杂交水稻。实现超级杂交稻的梦想，急需要解决的几个问题：一是超高产；二是优质；三是抗病虫；四是抗逆境胁迫。要知道，这可是多年来众多的中外农业专家孜孜以求而未能解决的又一世界难题。1980年，日本率先启动水稻超高产育种计划，想用15年的时间育成单产潜力达到亩产800千克的超高产水稻品种；1989年国际水稻研究所也提出培育超级杂交稻，后改为"新株型"育种计划，但均未获得成功。如果我们将超级杂交稻比作是世界各国在水稻育种研究领域的一场"马拉松"赛跑，那么，中国能否后来者居上呢？

1997年，袁隆平又一次主动请缨，立项"超级杂交稻"育种计划并组织实施。按照袁隆平的设想，超级杂交稻计划完成后，中国每年将增产稻谷3000多万吨。作为中国超级杂交稻计划的首席责任专家，袁隆平深知这可不是纸上谈兵，尤其是在制定技术路线图上自己负有举足轻重的责任，半点也马虎不得，稍有闪失就会给国家和人民造成重大的损失，后果不堪设想。

思考、论证、再思考、再论证，在经过多次反复的思考论证之后，袁隆平认为通过育种技术来提高作物产量的有效途径有两条：一条是形态改良。如矮秆、少蘖、大穗等高产的理想株型；另一条则是杂种优势利用，指品种间杂交、亚种间杂交和远缘杂交。各种育种技术，包括基因工程在内的分子育种手段，最终都要落实到优良的形态和强大的杂种优势上来。经过多年杂交水稻的研究，杂种优势袁隆平已经摸得很清楚，但理想株型的特征是什么呢？

1997年，他到江苏考察两系杂交稻。在观察一丘亚种间杂交稻时，突然灵机一动，脑海里闪现出一种超高产杂交水稻形态模式。返回宾馆，他立即将灵感中的模式描绘下来，精心设计出以高冠层、矮穗层、高度抗倒为特点的形态模式，并制定了把优良的株叶形态与强大的亚种间杂种优势有机结合的培育超级杂交稻的技术路线，又一次用灵感将杂交水稻的选育领进超高产研究的前沿阵地。

袁隆平以培矮"64S/E32"为实例，提出库大源足，以增源为核心，选育叶片长、直、窄、凹、厚，冠层高而重心低的超级优良株叶形态模式——库大源足。所谓"库"，指的是单位面积上的颖花数；库大，就是要求水稻的稻穗穗大粒多、结实饱满。"源"指地上部分的光合作用和地下部分吸收的矿物原料；源足，要求稻的叶片形状合理，能充分利用阳光能源和土壤的肥源作用，以保证库大的实现。同时他提出了"利用杂交优势、利用野生稻中增产基因、利用新株型超级杂交稻配组"的3条途径。

袁隆平及其研究团队以高产优质的不育系"培矮64S"等为亲本，进行广泛的测交和筛选，不仅育出几个具有超高产潜力和米质优良的组合，更重要的是找到库大源足和高度抗倒的理想株型。

1999年秋收时节，在通往云南永胜县涛源乡的崎岖山路上，一辆越野吉普车载着袁隆平和他的助手们在山间盘旋，山脚下是波浪翻滚的金沙江，稍有不慎，就会有车毁人亡的危险。可此时的袁隆平哪顾得了那么多，尽管旅途劳顿，他却毫无倦意。原来，涛源乡试种点上传来一个振奋人心的消息，称这儿种植的超级杂交稻亩产可能会超过 1000 千克。

袁隆平得知这一消息，真是又惊又喜，所以马上就带着助手们飞赴云南。下车后，他顾不上休息，在试种点的同志带领下径直朝田间奔去。在稻田边，他蹲下身子仔细地看了看眼前这些穗大粒多的超级杂交稻，脸上露出了满意的微笑。

稍过了片刻，他从稻田里慢慢地站了起来，转过身来对旁边的科研人员说："凭我多年观察的经验判断，这儿的超级杂交稻也许会创造新的世界纪录。"

是的，创造世界纪录，一直是袁隆平追求的目标。果然不出所料，这片超级杂交稻在验收时亩产量达到了 1139 千克，再一次刷新了水稻单产新的世界纪录，这标志着我国的超级杂交稻研究已处于世界绝对的领先地位。

如果我们将常规稻、三系杂交稻、两系杂交稻、超级杂交稻的单位面积产量进行比较的话，比例是 100：120：129：181，不难看出超级杂交稻的优势非常明显，而且增产潜力巨大。美国《科学》杂志载文称"作物学家正在寻求一次新的革命""袁隆平正在追求一个很高的目标"，同时该杂志还刊登了袁隆平的超级杂交稻照片。

2000 年 4 月，在菲律宾国际水稻研究所召开的国际水稻科学大会上，袁隆平重点介绍了我国超级杂交稻的进展情况，并展示了超级杂交稻丰收的实物图片，引起了世界农业界强烈的震撼。特别是当一些外国专家看到饱满颀长的超级杂交稻时，更是掌声雷动，连声惊呼"水稻瀑布、水稻瀑布"。许多国外媒体竞相报道了中国的超级杂交稻。每当这种时刻，袁隆平作为一名中国的农业科学家，心中就会升起一股浩然之气，那是为中华民族争光的强烈自豪感。看着杂交水稻在异国他乡"扬花吐穗"，袁隆平心里惬意极了。

第九章

把功勋写在绿色的田野

袁隆平一生获奖无数，到底获了多少个奖，恐怕连他自己也数不清。他用毕生的精力和追求，兑现了一名中国农业科学家的庄严承诺："发展杂交水稻，造福世界人民。"

杂交水稻之父

确定目标，坚持不懈全身心地投入到所做的事情上，是成功的重要前提。

袁隆平这位黑眼睛、黄皮肤的中国人，在杂交水稻的研究中，以"舍我其谁"的英雄气概，取得了伟大的成就，赢得了世界的尊重。1982 年秋天，在菲律宾马尼拉洛斯巴诺斯镇的国际水稻研究所，召开了一次国际水稻科技界的盛会，报告大厅的数百个座位座无虚席。这时候，国际水稻研究所所长斯瓦米纳森先生庄重地引领着袁隆平健步走向主席台。突然间，大厅内变得鸦雀无声，只见投影仪在屏幕上打出了袁隆平的巨幅头像，头像下的一行英文字幕特别引人注目：

Yuan Longping, "The Father of Hybrid Rice."

（"杂交水稻之父"袁隆平）

顿时，整个大厅里掌声雷动，来自世界各国的不同肤色的专家学者们一起起立鼓掌，掌声经久不息。

这突如其来的一幕让袁隆平惊诧不已，他感到浑身热血沸腾，激动之情溢于言表。他极力抑制住内心的喜悦，从容地向大家挥手致意。那神态，就像一名奥林匹克运动会冠军站在最高领奖台上一样。

在热烈的掌声中，斯瓦米纳森先生向大家做了一个暂停的手势，大厅内才慢慢地静了下来。稍过了片刻，斯瓦米纳森先生面带微笑地大声说道：

女士们、先生们：

今天，我十分荣幸地在这里向你们郑重地介绍我的伟大的朋友、杰出的中国科学家、我们国际水稻研究所的特邀客座研究员——袁隆平先生！

我们把袁隆平先生称为"杂交水稻之父"，他是当之无愧的。他的成就不仅是中国的骄傲，也是世界的骄傲。他的成就给世界带来了福音。

一阵阵雷鸣般的掌声伴随着愉悦的欢笑声再次响彻大厅内外，这热烈的掌声是对袁隆平的赞美，更是对科学的尊重。这时，袁隆平彬彬有礼地向来自世界五大洲的专家、学者们深深地鞠了一躬，然后面带微笑地用流利的英语，说了下面一段意味深长的话：

各位女士、各位先生：

今天，能和各位老朋友在这里再次相聚，与各位新朋友在这里相识，我感到无比的快乐和荣幸。非常感谢斯瓦米纳森博士对我的介绍和夸奖。我虽然在杂交水稻的研究方面做出了一点成绩，但不值得各位朋友如此隆重地推崇。

我感谢大家的深情厚谊，并愿借此机会在这里

表示，我们中国的科学家非常乐意和世界各国科技界的朋友互相学习，携手并肩，为科学的进步和人类的幸福创造出更多的新成果。我也希望在这里听到更多关于水稻研究方面的精辟见解和新颖思路，使我从大家的发言中获得更多的启发和教益。

我很希望杂交水稻的研究成果能够增强我们国家自己解决吃饭问题的能力；同时，也很希望为解决全人类仍然面临的饥饿问题做出自己的贡献……

此时此刻，不管来自哪一个国家，也不管来自哪一个民族，大家都深深地被袁隆平那真情的表白所打动，人们对他投去了尊敬和钦佩的目光，热烈的掌声更是一浪高过一浪……

翌日，菲律宾的几家主要报纸在头版的显要位置全都刊登了袁隆平的照片和"'杂交水稻之父'袁隆平"的大字标题。从此，袁隆平在国际国内赢得了当之无愧的"杂交水稻之父"的称号，袁隆平的名字同杂交水稻一起远渡重洋，从中国走向了世界！

第二次绿色革命

1979 年 5 月，美国圆环种子公司总经理威尔奇先生访问中国，他对杂交水稻表现出了浓厚的兴趣，经过谈判，中美双方于 1980 年 1 月达成协议，圆环种子公司付给中国种子公司 20 万美元首期技术转让费，中方即派出制种专家到美国制种，制出的种子在美国、巴西、埃及、意大利、西班牙、葡萄牙等 6 国销售，合同期为 20 年。要知道，这可是中国农业领域第一份对外技术转让合同，意义确实非同一般。

在美国经过两年多的试种，杂交水稻取得了明显的增产。1981 年 7 月，美国派出一个摄制组，特地来中国拍摄一部题为《在中华人民共和国的花园里——中国杂交水稻的故事》的专题片。在雪峰山深处的安江，袁隆平那 80 岁高龄的老母亲，竟然能跟摄制组的老外们讲一口流利的英语，这让美国人感到十分地惊讶，他们个个竖起了大拇指赞叹不已。

在拍摄过程中，袁隆平更是忙得不亦乐乎。他既要当"演员"，又要当翻译。他一丝不苟、精益求精的工作态度，给摄制组的工作人员留下了非常深刻的印象。该影片高度称赞了杂交水稻这一惊人的科研成果，称赞杂交水稻是中国人在粮食生产和农业科技上所取得的重大突破，彰显了中国在农业科学技术上的崛起。

摄制组组长劳克先生感慨地说："袁隆平先生的杂交水稻解决了世界人民的吃饭问题。这个片子如果拿到西方国家去放映，将会震动整个西方世界，也将会使更多的人了解中国。"

一位负责该片录音的工程师说："中美建交填补了历史的鸿沟，杂交水稻的出现则使得两国合作的前景更加美好。"是的，从某种意义上来讲，这部专题片就像"和平使者"，将友谊传递给远方的朋友。

从那时起，这部专题片先后在美国、巴西、埃及、意大利、西班牙、葡萄牙等国播放。1983 年 7 月，日本电视台也在全国范围内进行了播放，反响极为强烈。紧接着，日本还出版了一本名为《神奇水稻的威胁》的书，书中惊呼"杂交水稻这一海外传奇给日本带来了风暴"。

杂交水稻之所以被誉为"第二次绿色革命"，那是源于 1987 年 11 月 3 日，袁隆平获得了联合国教科文组织巴黎总部颁发的"1986—1987 年度科学奖"。联合国教科文组织总干事姆博先生在致辞中高度赞扬袁隆平在杂交水稻研究上所取得的开创性成果，说这是继"绿色革命"之后的"第二次绿色革命"。从某种意义上来讲，袁隆平也是当之无愧的第二次绿色革命之父。

既然是第二次绿色革命，如果想要更好地理解杂交水稻在世界范围内的意义所在，那还得从"绿色革命之父"诺曼·博洛格说起。

1914年3月25日,诺曼·博洛格出生于美国的一座农庄。他从小在父亲的麦田里长大,1937年毕业于明尼苏达大学林学院,1941年获植物病理学博士学位。年轻时,他经历了美国经济大萧条时期,这段经历让他毅然决定投身农业。

1942年,美国洛克菲勒基金会同墨西哥农业部开展了一个小麦合作项目。博洛格在墨西哥一干就是16年,终于培育出了抗病、耐寒、高产、适应性广的半矮秆小麦,而且很快便在墨西哥全国推广,增产效果更是令人惊奇,全国的总产量是过去的6倍,饥荒中的墨西哥很快成为小麦出口国。

1965年,印巴战争的升级,两国人民陷入了严重的饥荒。无奈之下,两国开始引进博洛格的小麦新品种,结果使两国获得了小麦大丰收,小麦产量均以每年70%的速度增长。印度这个仅次于中国的人口大国,不但很快解决了饥荒问题,而且还成为小麦净出口国。1968年,美国国际开发署(USAID)在年度报告中将印度的粮食增长现象称为"绿色革命"。

正是这场"绿色革命",从20世纪60年代到90年代的30年间,使世界粮食产量提高了1倍;也正是这场"绿色革命",极大地改变了世界的饥荒局面,拯救了大约100万人的生命。所以,诺曼·博洛格被公认为"绿色革命之父"。他也因此于1970年获得了诺贝尔和平奖。他从20世纪80年代开始便与袁隆平主持的湖南杂交水稻研究中心合作,并于 1996 年当选为中国工程院外籍院士。

　　总部设在墨西哥的国际玉米小麦改良中心，于 1997 年 8 月举办了一次"作物杂种优势遗传与利用"国际学术研讨会，有来自 60 多个国家的 500 多名代表参加，真可谓是精英云集，群星闪耀。组委会决定授予 5 位科学家"国际农作物杂种优势利用杰出先驱科学家"荣誉称号。在授奖仪式上，当诺曼·博洛格起身走上前来亲切地与袁隆平拥抱时，有人称这是"20 世纪两次绿色革命的热烈拥抱"。

　　"科学无国界，但科学家有祖国。"这是袁隆平经常说的一句话，他以一名中国科学家应有的胸襟和品德，赢得了世界的尊重。

爱是永恒的星辰

每当农民兄弟们看到杂交稻田"金镶边"和"银镶边"的丰收景象时，都异口同声地称赞杂交水稻是"幸福稻""翻身稻"！湖南有位农民写了一副对联，上联是"发家致富靠邓小平"，下联是"粮食丰收靠袁隆平"。这位普通农民的朴实感情，说出了中国亿万农民的心里话。

春风吹绿江南岸，秋阳染黄万顷田。杂交水稻是中国科技史上的一个奇迹。西方世界称杂交水稻为"东方魔稻"，它不仅在很大程度上解决了中国人的吃饭问题，而且为解决下个世纪可能出现的世界性饥饿问题做出了贡献。

袁隆平通过十几年的不懈努力和艰苦奋斗，终于踏上了一条通向绿色王国的成功之路。1981 年 6 月 6 日,国家科委、国家农委在北京联合召开籼型杂交水稻特等发明奖授奖大会，国务院特地向全国籼型杂交水稻科研协作组发来了贺电。

这次大会是新中国成立以来第一次授予特等发明奖的大会，而我国的第一项特等发明奖被授予农业方面的发明，这充分说明我国农业科学技术有着雄厚的基础，做出了卓越的贡献。袁隆平怀着非常激动的心情走上台去，从时任国务院副总理方毅手中接过了奖章和获奖证书，并获得了 10 万元的奖金。

1999 年 10 月 26 日，在北京人民大会堂举行了一批小行星命名仪式。其中，1996 年 9 月 18 日由中国科学院国家天文台兴隆观测站发现的一颗永久编号为 8117 的小行星，经国际小天体命名委员会批准，被命名为"袁隆平星"。

当时在河北的中科院兴隆天文观测站发现这颗新的小行星时，暂定编号为"1996SD1"，其中"SD"正好是中文"水稻"的汉语拼音首字母。更为神奇的是，这颗小行星又是在兴隆天文观测站发现的。而兴隆二字，恰好是袁隆平父亲袁兴烈名字中的"兴"字和袁隆平名字中的"隆"字，这本是袁家父子两代人名字中代表辈分的字。

这次被一道命名的小行星，还有"巴金星""陈景润星"等。要知道，行星命名表达了全社会对知识分子的创造性劳动和对社会做出巨大贡献的崇高敬意。同时，用杰出的文学家和科学家的名字命名小行星，更是一项崇高的国际性的永久荣誉，具有历史性的意义。"袁隆平星"既闪烁着创造的星光，也闪烁着智慧的星光，这颗寓意让世界不再饥饿的小行星，将永远闪耀在人类文明的历史星空中。

然而，袁隆平对此看得很淡很淡，中科院兴隆天文观测站几次邀请袁隆平去观看一下那颗"袁隆平星"，都被他婉拒了。在他看来，闪光只是暂时的，唯有平淡才是长久的。袁隆平的精神让我们体会到，平淡之中蕴含着伟大，平凡之中孕育着希望！

荣获"共和国勋章"

这是一个值得我们永远铭记的日子——2019 年 9 月 29 日上午，中华人民共和国国家勋章和国家荣誉称号颁授仪式在北京人民大会堂金色大厅隆重举行。大厅内气氛热烈庄重，巨幅红色背景板上，共和国勋章、友谊勋章、国家荣誉称号奖章图案熠熠生辉。18 面鲜艳夺目的五星红旗分列两侧，18 名英姿挺拔的解放军仪仗队礼兵在授勋台两侧持枪伫立。颁授仪式上，中共中央总书记、国家主席、中央军委主席习近平微笑着亲手将一枚金光闪闪的"共和国勋章"佩戴在了袁隆平胸前。这是一个多么令人难忘和幸福的时刻呀！

在全场热烈的掌声中，习近平发表了重要讲话："崇尚英雄才会产生英雄，争做英雄才能英雄辈出。英雄模范们用行动再次证明，伟大出自平凡，平凡造就伟大。只要有坚定的理想信念、不懈的奋斗精神，脚踏实地把每件平凡的事做好，一切平凡的人都可以获得不平凡的人生，一切平凡的工作都可以创造不平凡的成就……"

当天下午，袁隆平和同时被授予"共和国勋章"的黄旭华一起回了一趟"娘家"——中国工程院。两人同为中国工

程院院士，他们的到来一下子让中国工程院热闹非凡。在座谈会上，自称"90后"的袁隆平微笑着说："我不能躺在功劳簿上睡大觉，应该继续努力，继续攀高峰。我现在是'90后'，身体还算好，脑瓜子还不糊涂，要在百岁之前努力完成杂交水稻每公顷产量20吨的目标。"

只要讲起钟爱一生的稻子，袁隆平就滔滔不绝。他谈到他还有另一个目标——耐盐碱水稻。他说，全国有十几亿亩盐碱地是不毛之地，其中有将近2亿亩可以种植水稻。如果按计划发展耐盐碱的水稻种植1亿亩，每亩按最低产量300千克计算，也可以多产300亿千克的粮食。前不久，兴安盟耐盐碱水稻现场测产验收，平均亩产稻谷达到了508.8千克……

当晚9时50分许，当袁隆平满面红光、精神抖擞地走出长沙黄花国际机场航站楼时，湖南省有关领导马上迎上前去，向袁隆平表示热烈祝贺和崇高敬意。

"爷爷，您今天真帅！"翘首盼望的3个孙女在掌声中连忙给他献上了鲜花，惹得袁老爷子脸上立刻露出了甜蜜的笑容。

在人群的簇拥下，袁隆平有些激动，但谈起获奖他十分谦虚："杂交水稻获得成功是国家和湖南重视支持的结果，也是广大农业科技工作者共同努力的结果。向亩产1200千克冲刺，我大概有90%的把握。我们还要向每公顷20吨冲刺，达到理论上的最高产量。我想在我有生之年，实现'禾下乘凉梦'。这个奖，对我是鼓励，也是鞭策。我得了很多奖，但最高荣誉是这枚'共和国勋章'。这枚勋章，好重好重。"

是呀，这可是中华人民共和国成立 70 年来，首次颁发"共和国勋章"，授予在中国特色社会主义建设和保卫国家中做出贡献，建立卓越功勋的杰出人士。还有什么比这更重的哩！

在去北京参加"共和国勋章"颁授仪式前，他把一套藏了多年的西装拿了出来，仔细地对着镜子试穿。要知道，袁隆平平时很少穿西服，他最爱穿的还是那种棉质的、透汗透气的十五块钱一件的衬衫或 T 恤衫。这时，旁边的一位工作人员故意笑着逗他，问："袁老师，您今天帅不帅？"

"帅。"袁隆平回答得很干脆，然后微笑着说，"我要扎上领带，去见习主席！"袁隆平真像是一个老顽童。

就在出发去北京的前一天，他还惦记着田里的水稻，去看看长势如何，去跟超级杂交稻告一下别，就像告别自己的亲人。从北京回长沙后的第一天，他又走向了田头，下到了田里。他连晚上睡觉的时候都在想：超级杂交稻长得怎么样，有没有新的发现，有没有病虫害，适不适合干旱，有没有脱水现象……这些都要观察。他似乎有想不完的水稻问题。

袁隆平从研究杂交水稻的那一天起，就把自己的头"埋"向了大地，弯着脊背是他永久的姿势，他用几十年的风霜雪雨和对事业的执着追求，把功勋写在了绿色的田野上。

一粒种子改变世界

　　袁隆平是一个乐观豁达的人，年过八旬时说自己是"80后"，在年满 90 岁时又笑称自己是"90 后"，他一点也不服老，鲐背之年仍然在稻田里忙碌着，因为水稻已深深融入了袁隆平的生命里。人的生命是有限的，为了实现心中的更高目标和梦想，他必须与时间赛跑，向生命的极限挑战。

　　2020 年 12 月，袁隆平又像候鸟一样飞到了海南三亚，马不停蹄地在南繁基地与同事们一起进行科研攻关。也不知是从哪一年开始，他每年大约三分之一的时间都在天涯海角的稻田里度过。难怪许多人都误认为袁隆平就是一个头顶烈日、浑身黝黑、挽着裤腿、赤脚下田的"泥腿子"农民。对此，他只是淡淡一笑，一点儿也不在意。大伙儿都担心他的身体，劝他少下稻田，可他就像那倔强的牛，谁也拦不住。即使在身体不方便的时候，他也要在工作室拿着高倍放大镜，认真细致地观察第三代杂交水稻的种子，对穗数的多少、谷粒的大小、是否有瘪谷等做好详细记录，同大伙一起交流，共商对策。他想得最多的是，如何挖掘出杂交水稻的增产潜力，如何进一步改良米质，让人们生活得更美好。

袁隆平和他的团队所创造的杂交水稻的奇迹，将永远被历史铭记。他那一枚枚金光闪闪的奖章，正是实现"让世界不再饥饿"这个梦想留下的一个个坚实的脚印！

1981 年，袁隆平领导的全国籼型杂交水稻科研协作组获国家技术发明奖特等奖。

1985 年，获联合国知识产权组织"创造与发明"（杰出发明家）金质奖章和荣誉证书。

1987 年，获联合国教科文组织颁发的 1986—1987 年度科学奖。

1988 年，获英国让克基金会"农学与营养奖"。

1993 年，获美国菲因斯特基金会"拯救世界饥饿"荣誉奖。

1994 年，获首届何梁何利基金科学与技术进步奖。

1995 年，获联合国粮农组织"粮食安全与保障"荣誉奖章。

1996 年，获日本经济新闻社"日经亚洲奖"。

1998 年，获日本"越光国际水稻奖"。

2001 年，获首届"国家最高科学技术奖"；获有"亚洲诺贝尔奖"之称的"拉蒙·麦格赛赛奖"。

2004 年，获以色列总统颁发的"沃尔夫奖"；获世界粮食基金会颁发的"世界粮食奖"；在泰国主办的首届"国际稻米大会"上获得"金镰刀"奖；被中国中央电视台评为"感动中国·2004 年度人物"十大人物之一。

2010 年，获法国"法兰西共和国最高农业成就勋章"（高级）。

2012 年，在马来西亚吉隆坡，获得 2011 年"马哈蒂尔科学奖"。

2012 年，获"中非友好贡献奖"。

2013 年，获第四届中国消除贫困奖"终身成就奖"。

2019 年，被党中央、国务院授予"共和国勋章"。

……

袁隆平一生获奖无数，到底获了多少个奖，恐怕连他自己也数不清。他用毕生的精力和追求，兑现了一名中国农业科学家的庄严承诺："发展杂交水稻，造福世界人民。"

第十章

薪火相传

袁隆平知道，杂交水稻研究永无止境，继承和发展杂交水稻事业并攀登新的高峰，还需要我们一代又一代人努力拼搏。袁隆平从这些青年学生们身上，看到了祖国的未来和希望，也看到了杂交水稻事业的未来和希望！

莫道桑榆晚，为霞尚满天

我有幸曾经 3 次采访过袁隆平院士，他虽为世界顶尖的农业科学家，却给人一种和蔼可亲的感觉。他的脸上已布满了皱纹，似乎书写了一种农民式的沧桑感和中国知识分子的忧患意识。在他简陋的办公室里，墙上那幅"水稻瀑布"的彩色照片特别引人注目，照片旁挂着 3 样东西：一顶草帽，一条毛巾，一套西服。

年过九旬的袁隆平仍然每天坚持去试验田"打卡"，观察杂交水稻的长势情况，生命不息，为实现梦想奋斗不止。所以，他戴上草帽、拿起毛巾，就可以像农民一样，随时下田干活。

袁隆平心里非常清楚，要想实现杂交水稻覆盖全球，首先就得让杂交水稻覆盖全中国。因此，这些年，他的足迹踏遍了祖国的千山万水，绿野平畴更是留下了他深深的脚印。

2014 年，袁隆平决定在全国选取 36 个城市作为杂交水稻超高产攻关示范点，湖北随州市就是其中之一。2016 年，时年已 86 岁高龄的袁隆平院士，亲赴随州市随县的百亩高产攻关示范片考察。他站在田间地头一眼望去，稻田里结满了金灿灿的稻穗，那茎秆高挑笔挺，谷粒饱满，与周边普通

第十章　薪火相传

田里的稻株相比明显高出一大截，长势喜人。

在笔直的田埂上，袁隆平一边听取农技人员有关水稻栽培和田间管理的介绍，一边走走停停，弯腰取样，"拿捏"稻穗的成色和分量。当听说在几天前的狂风暴雨中，超级杂交稻依然不倒时，袁隆平连忙弯下腰去，轻轻抚摸着饱满的谷穗，乐呵呵地说："这是抗倒伏能力最强的水稻，是水稻中的仪仗队！"这亲切而又形象的话语引来一片欢笑……

在旁人看来，袁隆平就是那种大大咧咧的性格，其实他的内心非常细腻。为了让中国人将饭碗牢牢端在自己手中，他总是殚精竭虑地细致思考，大胆探索。

在经过多次实地现场考察之后，他特地为广西灌阳和湖北蕲春两地量身打造出"南方一季 + 再生稻百亩超高产攻关模式"项目，力求突破亩产稻谷 1200 千克的目标，简称"南灌北蕲"。

2016 年，袁隆平亲自对国家杂交水稻工程技术研究中心的"超级稻 + 再生稻高产攻关蕲春示范基地"进行测产验收。他一大早就赶到了稻田旁，一边看水稻的长势，一边与农民兄弟交谈，并不时向身边的科研人员询问水稻的推广情况。一天下来，沿途农民、农技人员纷纷要与他合影留念，他十分随和，有求必应。

还有农民得知袁隆平来这儿之后，用竹篮子提着鸡蛋，提着自家种的花生，送给袁隆平，以最纯朴的方式表达他们对袁隆平的感激之情。

袁隆平对这次的测产验收结果非常满意,他激动地说:"蕲春再生稻米粒细长、光泽润滑、晶莹透亮,达到了绿色食品(稻米)的质量要求。如果按照现在这个产量,仅三分田就可供一个人一年的口粮,我们要积极推广,要尽快让农民增产增收,为国家粮食安全做更大贡献!"

俗话说:"湖广熟,天下足。"袁隆平院士非常关心和支持湖北的水稻产业发展,他生前曾先后十多次到武汉、潜江、随州、荆州、黄石、黄冈等地从事科研考察和现场测产验收。潜江虾稻、黄陂的多倍体水稻等水稻新技术、新项目都获得了袁老的关注,江汉平原农业生产技术和水平得以迅速提高。在他的帮助和关怀下,如今以湖北、湖南为中心的长江中游平原已经成为全国商品粮的重要基地。

桃李满天下

袁隆平多年一边搞科研，一边教书育人，因此他桃李满天下。他认为，青年学生是祖国的未来，肩负着中华民族伟大复兴的历史使命。

2019 年 9 月 16 日，袁隆平来到湖南农业大学参加新生开学典礼。他刚一下车，整个学校顿时沸腾了，学生们将他围了个里三层外三层，都想一睹这位"巨星"的风采。因为袁隆平是他们心目中的大英雄，是他们追逐的大明星。

在开学典礼上，袁隆平语重心长地对同学们说："我有两个梦，一个是禾下乘凉梦，一个是杂交水稻覆盖全球梦。我始终都在努力使梦想成真，也希望与你们共勉来共同实现这两个梦想。经常有人问我成功的'秘诀'是什么？其实，谈不上什么秘诀，我的体会是'知识、汗水、灵感、机遇'这八个字"。

他继续说道："第一，知识就是力量，是创新的基础。同学们不但要打好基础，还要开阔视野，掌握最新发展动态。第二，汗水指的是要能吃苦，任何一个科研成果都来自于深入细致的实干和苦干；第三，要有灵感，灵感就是思想的火花，是知识、经验、思索和追求综合在一起升华的产物，同学们要做'有心人'，随时注意捕捉思想的火花；第四，是机遇，偶然的东西带给我们的可能是灵感和机遇，你们要学会用哲学的思维看问题，透过偶然性的表面现象，找出隐藏在其背后的必然性。"

最后，他寄语同学们："你们是新时代的中国青年，肩负着中华民族伟大复兴的使命，未来赋予了你们强农兴农的责任，我相信你们必定会在追求真理的道路上躬行实践，厚积薄发，并将不会辜负时代的担当。"

袁隆平的这段话，深深地打动了现场的每一个人，留给了老师和同学们更多的思考……

有人说，鲜花是由汗水浇灌的，成功是由勤奋收获的。是啊，人不要急于知道哪里有鲜花，什么是成功。你只需要知道自己心中最珍贵的那一点是什么，然后把它挖掘出来，朝着目标努力，慢慢地你就会一步一步地向成功迈进。不管别人是否比你更聪明、更强大，只要你尽力发挥出自己的天赋和专长，就有机会迎来鲜花、获得成功。

袁隆平知道，杂交水稻研究永无止境，继承和发展杂交水稻事业并攀登新的高峰，还需要我们一代又一代人努力拼搏。袁隆平从这些青年学生们身上，看到了祖国的未来和希望，也看到了杂交水稻事业的未来和希望！

五月的哀思

2021 年 3 月 10 日，这是一个不幸的日子——袁隆平因长期超负荷的工作，加上体力透支，不慎摔了一跤，被紧急送往当地医院治疗。也许这对于年轻人来说算不了什么，但对于一位 91 岁的老人来说却是致命的。经过 20 多天的治疗，病情似乎没有任何好转。于是，4 月 7 日，袁隆平转院到了湖南长沙湘雅医院继续接受治疗。

躺在病床上的袁隆平，思维还算清晰，他想得最多的不是自己的身体，而是他心爱的杂交水稻。他几乎每天都要询问医护人员："今天外面是晴天还是雨天？气温多少度？"有一天，当一位护士告诉他外面的气温是 28℃时，他一下子急了，喃喃地说："这对第三代杂交稻成熟会有影响的。"医护人员听了特别感动，一位医生轻声说道："他的身体那么不好了，还在时刻关心稻子长得好不好！"

5 月 22 日上午，雨一直下个不停，袁隆平又一次进入了昏迷状态，经医护人员全力抢救，病情一度有所转机。这时，亲人们在他床边轻轻地唱起了他最喜欢的《我的祖国》的歌曲："一条大河波浪宽，风吹稻花香两岸……"期待他能够在

这深情的歌声中醒来。遗憾的是，奇迹没有出现。13时07分，袁隆平的心脏停止了跳动，一位世界级科学巨星在这一刻陨落了……

天空低沉，细雨绵绵。

2021年5月22日16时20分，当搭载袁隆平遗体的灵车从湘雅医院缓缓地驶出时，人们如潮水般地从四面八方涌来，一路追随相送，人群中有学生、护士、工人、农民等社会各界人士。因为事发突然，他们还来不及佩戴白花、黑纱，但那一张张悲戚的脸上泪雨交织，就像是在送别自己最亲的亲人。

突然，一个年轻人痛哭失声地喊道："袁爷爷，一路走好！"紧接着，痛心疾首的人们也一起呼喊："一路走好……"

这时，人们的视线都随着灵车的缓慢行驶而移动着，向这位尊敬的老人行注目礼，街上过往的车辆都停了下来，长时间地鸣笛默哀。人们都是自发而来的，也没有谁组织，现场却是井然有序，显得格外肃穆。似乎每个人的心都连在了一起，只有呼喊声、哭泣声、鸣笛声，在长沙街道的上空久久地回荡……

灵车首先来到了马坡岭，这里有袁隆平耕耘了大半辈子的试验田，眼下正是杂交水稻扬花灌浆的季节，他要与钟爱一生的杂交水稻做最后的告别。随后，灵车又缓缓地驶入了国家杂交水稻工程技术研究中心，这里是袁隆平长期工作和生活的地方，如今他要永远地离开这里了。对于这片深爱着的土地，他一定充满着恋和不舍……5月24日，明阳山殡仪馆铭德厅大门口，一副挽联格外引人注目："功著神州音容宛在，名垂青史恩泽长存"。厅内庄严肃穆，哀乐低回，袁隆平院士躺在鲜花翠柏丛中，身上覆盖着鲜红的国旗，他是那样的安详，就像是睡着了一样。

当袁隆平的夫人邓则坐着轮椅被孩子们缓慢地推进大厅时，整个厅内一下子更加肃静。已经80多岁的邓则同丈夫共同走过了50多年的风风雨雨。她一袭黑衣，当来到遗体正前方时，她突然咬紧牙关从轮椅上吃力地站了起来，一下跪在地板上失声痛哭，那是一种撕心裂肺的悲泣。

而就在厅外，这里早已被人潮、哭声和泪水淹没了。人们怀着一种崇敬的心情和真挚的情感，自发地来这里悼念袁隆平。长沙市甚至还出现了一幕幕非常感人的画面：上百台出租车的哥们自发组成了一个"雷锋车队"，他们免费接送从机场、车站或外地赶来的悼念者；许多商家和义工免费为大家提供口罩；许多鲜花店的老板免费为悼念者提供菊花，以至于长沙市区所有鲜花店的菊花断货。

一位名叫彭福田的老大爷，带着儿孙特地从湘西农村赶来送袁老一程，他泣不成声地说："我是经历过饥荒的人，饿过肚子，受过苦。如今我儿孙满堂过上了好日子，可不能忘记恩人哪！"

25岁的青年胡胜涛，早晨7点钟乘高铁从广州赶来，下午还得返回，近10小时的路程，只为给袁隆平深深鞠一躬。

他含着泪说：“人太多了，我只在遗像前待了不到一分钟，可是很值得。”

一名身着白衬衣的中年妇女半跪在遗像前，轻轻地放下一碗青豌豆，这是袁隆平生前最爱吃的菜。她哽咽着说：“袁老，您要记得好好吃啊！”

雨还在下，前来悼念的人群像长龙一样向远处延伸。风雨中，还有人给袁隆平的照片撑起了一把雨伞。是呀，袁老这辈子经历了太多太多的风雨，而这是他在人间的最后一程，再也不能让他老人家淋着了。

国士逝世，举国同悲。除长沙之外，全国很多地方都相继举行了袁隆平逝世的悼念活动。5月23日，重庆北碚的天空阴沉沉的，袁隆平的母校西南大学他的塑像前摆满了师生们敬献的鲜花，他们以崇敬的心情对着“学长”深深鞠躬，以寄托哀思。同日下午，重庆高新区金凤镇的七旬老人聂赣如在三耳火锅博物馆内，为袁隆平院士举办了一场简朴庄重的追思会，许多市民闻讯赶来向袁隆平遗像敬献鲜花，深深鞠躬。博物馆两旁的对联这样写道：“吃饭牢记袁隆平，饮水不忘挖井人。”

袁隆平的逝世，不仅牵动着每一个中国人的心，全世界都在深切缅怀这位科学家。从中国到美国，从亚洲到非洲，只要是种植水稻的地方，无不深切怀念这位伟大的中国科学家。

巴基斯坦、马达加斯加、尼日利亚、菲律宾、巴西等几十个国家的政要对袁隆平逝世表示深切哀悼，并对他的功绩给予了高度赞扬。

袁隆平院士离世后尊享无限哀荣的原因其实很简单：他一辈子都在为解决中国人的吃饭问题奔波劳碌，他对世界的贡献更是引无数外媒称赞。英国路透社、美国《纽约时报》《华盛顿邮报》、英国《独立报》、西班牙《21世纪报》等几十家国外媒体，都在第一时间对袁隆平的逝世进行了报道。德国电视一台《今日新闻》这样讲述：几十年来，袁隆平的伟大目标是让全世界的人们都有足够的食物。在中国，这一目标已广泛实现。袁隆平为此做出了重大贡献。美联社报道称，袁隆平研发的杂交水稻"帮助养活了我们的世界"。

联合国官方微博发文称："袁隆平院士为推进粮食安全、消除贫困、造福民生做出了杰出贡献！国士无双，一路走好。"

联合国粮农组织总干事屈冬玉在社交平台上写道："一生修道杂交稻，万家食粮中国粮。我敬爱的大师千古！"

道不尽的思念，说不尽的悲伤。此刻，唯有静默方能表达我们的悲痛之情。

"袁梦计划"

  袁隆平是公认的杂交水稻的总设计师。他从孤军奋战开始，后来，尹华奇和李必湖成为他的助手，再后来才逐渐形成了全国的科研团队。

  如今，尽管袁隆平院士离开了我们，他却给后人留下了一笔宝贵的财富。国家杂交水稻工程技术研究中心的科研人员现已发展到 200 多人，以罗孝和、周坤炉等为代表的第一代杂交水稻育种专家，育种经验都在 40 年以上；以邓启云、邓小林等为代表的第二代杂交水稻育种专家，已经成为杂交水稻研究的主力军；还有后来当选为中国科学院院士的谢华安，当选为中国工程院院士的颜龙安、朱英国，以及和李必湖一起发现"野败"的冯克珊，都视袁隆平为"良师益友"。

  袁隆平院士走了，但他所带领的杂交水稻科研团队已经成为一个勇于探索、具有很强战斗力的队伍。他们所掌握的杂交水稻技术，遥遥领先于全世界，中国的杂交水稻研究后继有人。现在杂交水稻研究中心的人才队伍已形成高水准的梯形结构，袁隆平生前重点培养出的硕士、博士，又为研究中心储备了充足的后备人才。他们无论是在国内还是国外，都在杂交水稻研究的路上努力拼搏，为尽早实现袁隆平的两个梦想"禾下乘凉梦"和"杂交水稻覆盖全球梦"而奋斗。

袁隆平认为，任何一个人都无法掌握自己生命的长度，但可以把握它的宽度、深度和高度。如果自己所从事的杂交水稻事业能为人类做贡献，那么，生命就无形之中得以延展。他生前考虑最多的，就是如何使杂交水稻事业不断发展、薪火相传。

袁隆平有3个孩子，也许是受父亲的熏陶，他们都相继跳进了"农"门，并在各自的工作岗位上展现出了一定的才华和风采，真可谓"虎父无犬子"。

袁隆平的长子袁定安，出生在20世纪60年代，那时中国的农村还很贫穷，许多地方闹粮荒，能吃上饱饭是他儿时的梦想。在他童年的记忆中，父亲总是很忙碌，有时很久都见不到。但随着年龄的增长，他渐渐理解了父亲杂交水稻的研究事业。他刻苦学习，靠着自己坚持不懈的努力，终于考上了理想的大学。毕业之后，他被分配在湖南省种子公司工作，主要从事选育农作物新品种，以及生产、经营农作物种子相关的工作。后来，在国家政策的引导下，为谋求更大的发展，他决定下海创业，创立了自己的公司，成为农业科技领域的企业家。

中国是种子消费大国，许多外国的种子公司纷纷抢占中国种子市场。袁定安感到了前所未有的压力和挑战。他心里再清楚不过了，只有种子实现独立自主，才能从源头上保障国家粮食安全。在父亲的谆谆教诲下，他认识到只有把公司建成一个集科研、生产、经营于一体，同时拥有完善的加工贮藏设备和检验设备的大型专业种子公司，才具有强大的市场竞争能力，能为广大农村用户提供更加便利、快速的优质服务，让广大农民增产增收。因而，他不敢有丝毫的懈怠，而是像父亲那样全身心地投入到了工作之中。

袁隆平的次子袁定江，毕业于湖南财经学院金融系金融专业。他继承了父亲低调务实、艰苦朴素的家风，对父亲充满了崇拜和敬佩。谁也没想到他在仕途一帆风顺时却弃官投农，到袁隆平农业高科技股份有限公司当上了副董事长兼副总裁。

2000年12月，以袁隆平名字冠名的"袁隆平农业高科技股份有限公司"（简称"隆平高科"）在深圳证券交易所挂牌上市。

"隆平高科"是我国证券市场第一个以科学家的名字命名的股票，意义非同寻常。当时，有的媒体甚至把袁隆平描绘成科技界带头转变观念、挺进市场的"时代英雄"。对此，袁隆平却淡淡地一笑："我从没想过要当什么富翁，我所想的就是杂交水稻推广面积越大越好。"

"隆平高科"股票上市之后，迅速按照市场规律进行公司化运作，对杂交水稻的国际化推广应用发挥了重大作用。如今，"隆平高科"已与世界上30多个国家和地区开展了杂交水稻技术培训、示范推广等合作，使得杂交水稻种子出口量逐年递增，技术合作项目更是越来越多，也为世界粮食安全增添了一个重重的筹码。

"隆平高科"在袁隆平的影响下，从未忘记初心。2020年新冠肺炎疫情的肆虐，让农历庚子年辞旧迎新的钟声显得格外沉重，疫情威胁着人类的健康！90岁高龄的袁隆平更为武汉人民的口粮牵肠挂肚。他之所以几十年如一日地研究杂交水稻，不正是为了获得粮食丰收而让世界不再饥饿吗？

2020年2月13日0时30分，一列飞驰的火车上，载着素有"中国米中之王"美誉的200吨丝苗米驰援武汉。第二天，几十辆货车将这批丝苗米，第一时间送到了武汉市蔡甸区的居民手中，为抗击新冠肺炎疫情奉献了一片爱心，这真是雪中送炭啊！

袁隆平他老人家走了，令人欣慰的是，早在2020年1月13日，袁隆平就在三亚发布了"袁梦计划"，就是要在盐碱地上种植水稻。这一技术既可改善盐碱地和沙漠地区的生态环境，又可为当地人解决口粮问题，并实现种植户收入翻番。

袁隆平的三儿子袁定阳，从小就爱跟着父亲往田地里钻，他是真正称得上"子承父业"的人。袁定阳从广西农业大学毕业后，又考入湖南农业大学遗传育种学专业攻读硕士。随后，进入香港中文大学生物系研究分子生物学，并获博士学位，继承了父亲的衣钵。

新华社传来"袁隆平儿子接棒"的好消息：袁隆平的儿子，国家杂交水稻工程技术研究中心副主任袁定阳北上内蒙古，继续"袁梦计划"。中国国家杂交水稻工程技术研究中心兴安盟分中心、中国国家耐盐碱水稻技术创新中心兴安盟试验基地（也称"一中心一基地"）落户内蒙古自治区兴安盟。

2021 年 6 月 18 日，也就是在袁隆平院士逝世后仅 7 天，袁定阳和 10 名从事数字农业的年轻人就来到了兴安盟袁隆平院士工作站，召开了"袁梦计划"二期发布会：计划于"十四五"规划期间，在兴安盟的盐碱地上种植耐盐碱水稻20 万亩，帮助当地水稻种植户实现收入翻番。

袁定阳表示，研究中心将借助"一中心一基地"的重大科技创新平台，逐步实现袁隆平院士生前规划的"袁梦计划"，力争 3 年内实现兴安盟水稻每亩增产 100 千克；培育出兴安盟自主知识产权的水稻新品种；实现兴安盟耐盐碱水稻种植面积 3 年达到 20 万亩，实现父亲生前未完成的遗愿。

袁隆平用他毕生的精力，铸造了中国杂交水稻事业发展的"前生"。如今，袁老虽然走了，但他的精神永存，后来者将尽力续写杂交水稻事业的"今生"。

袁隆平院士专家团队是一支梯队结合、协同作战，始终充满科研激情和工作活力的团队。他们领先于世界杂交水稻的科研技术和水平不可撼动。尽管如此，可他的弟子们心里明白，对导师的最好怀念并不是眼泪和悲伤，而是要将杂交水稻事业在继续传承的同时，努力寻求新的突破，让袁老的梦想早日变为现实。

在他们的不懈努力下，2021 年 10 月 17 日，湖南省衡阳市衡南县清竹村，由袁隆平院士专家团队研发的杂交水稻双季亩产继 2020 年突破 1500 千克大关后，再次刷新纪录，双季亩产达到 1603.9 千克。

袁隆平院士生前将第三代杂交水稻技术看作是突破亩产"天花板"的关键，从 2019 年春天伊始，他就选定了湖南省衡南县作为第三代杂交水稻的核心示范区，并利用第三代杂交水稻组合"叁优一号"在示范基地开展高产攻关试验。

这可不仅仅是几个简单的数字，这是袁隆平院士和他的专家团队，在创造一项项杂交水稻世界纪录之后，攀登的又一座新的高峰。这是必将载入杂交水稻史册的新的世界纪录！

而今，中华民族进入了一个新时代。年轻的一代肩负着祖国的未来和希望，继承和弘扬中华民族优良传统、让杂交水稻事业薪火相传，就是对袁老最好的告慰！

袁隆平走了，但袁隆平星会依然闪耀。因为，他带着梦的种子去了远方……

袁隆平一生追求平淡，却用他全部的热忱追求科学、探索真理，用青春、智慧和汗水，创造了"一粒种子改变世界"的绿色神话。

袁隆平是一颗闪亮的星，他胸怀天下、心系苍生，用一生的忠诚与奉献，在浩瀚的星空划出了一道"为世界粮食安全与人类和平而奋斗"的历史轨迹。

袁隆平是一座丰碑，高高地矗立在世界人民心中。他忍受着艰难困苦研究出的杂交水稻，让世界不再饥饿！

后 记

当袁隆平院士逝世的噩耗突然传来时，我的心情是非常沉痛的，我甚至不愿意相信这是真的。

袁隆平是一位非常严谨的科学家，从来都是说到做到的。从"三系法"到"两系法"，再到超级杂交稻，他带领科研团队攻克了多少难关啊！特别是主攻的超级杂交稻，第一期目标亩产 700 千克，第二期目标亩产 800 千克，第三期目标亩产 900 千克，第四期目标亩产 1000 千克，他经过几十年的努力，都一步一步地实现了，不断刷新世界水稻单产的最高纪录。他在自己 90 岁生日时曾说："我希望自己能活到 100 岁，我对祖国的未来充满信心，我要为祖国的繁荣做出更多贡献。"而这一次，他没能实现自己活到 100 岁的目标。

我有幸曾 3 次采访过袁隆平院士，他在言谈中表现出的那种睿智、风趣和幽默，给我留下了深刻的印象，特别是最后一次，当我将长篇传记《袁隆平传奇》送给他时，他一边翻阅书稿一边说："你们写作跟我们田里耕作一样，都是辛苦事！"一句话把我们在场的人都逗乐了。接着，我从包里拿出一枚书法印章双手递给他，说："袁老，我注意到您有时题词，落款时基本上都没有盖印，所以，我请一位搞篆刻的朋友，专门为您刻了一枚书法落款印章，不知您喜不喜欢？"

他接过印章认真地看了看，脸上又露出了那"刚果布式的笑容"，半开玩笑地说："我公章、私章都有好几枚，就是有得这个章。蛮好蛮好，我喜欢。"这时，我连忙又拿出一本《袁隆平传奇》，请他在书上给我签个名。他欣然提笔写下了"发展杂交水稻，造福世界人民——袁隆平"，然后将"袁隆平章"重重地盖在了上面。这个题词是如此的珍贵，这本签名书自然也成了我永久的收藏。

在经济高速发展的今天，人们尽情地享受着丰衣足食的现代生活，但放眼全球，世界上一些贫困落后的国家，仍然有许多人在饥饿的死亡线上痛苦地挣扎，粮食安全依然是人类最大的问题。

我在创作过程中，曾经看到一条消息，着实让人忧心忡忡。巴西当时正面临91年来最严重的干旱，这严重影响了巴西的农作物生产。

令人担忧的是，作为"世界粮仓"的巴西，如果这场干旱一旦持续下去，或将引发全球农产品价格的剧烈波动。

在2020年新冠肺炎疫情和全球经济低迷的形势下，中国与巴西的农产品贸易仍逆势增长。巴西对中国、欧盟各国、美国、阿根廷、日本、韩国等国家的农业产品出口额仍然庞大。因此，巴西的干旱显然不只是一国的不幸，如果造成全球农产品价格飙升，更多的人又将面临饥饿。

袁隆平，当他只是安江农校一名普通的教师时，便几十年如一日，探索和解答一道世界性的难题，而当他成为世界顶尖级的科学家之后，他仍耕耘在农村的稻田里。这是一种什么样的格局和胸怀呀！他带领他的团队攻克一个又一个难关，在崎岖的科学之路上奋力攀登，直至取得举世瞩目的伟大成就。

　　袁隆平人格之可贵，在于他以他的创新精神和坚定信念来从事杂交水稻事业，又以一颗平常的心来对待自己的荣誉。他那超乎寻常的智慧、坚韧不拔的毅力、严谨的科学态度、扎实的工作作风、乐观向上的情操，无不散发出无穷的魅力。而这些，不正是我们每一个人，特别是青少年应该好好学习的吗？

　　许多的青少年都喜欢追星，还有一些人甚至成了所谓的"追星族"。其实，追星本无错，关键在于你追的是什么星。然而，青少年大多追的是娱乐明星，有的甚至到了疯狂的程度。盲目的追星容易造成当代青少年价值取向的偏差，这是非常危险的。

　　崇尚英雄才会产生英雄，争做英雄才能英雄辈出。袁隆平身上那种忠诚、执着、朴实的高尚品格，正是我们这个时代要大力弘扬的，像袁隆平这样的英雄，才是我们真正要追的世界巨星。

　　袁隆平院士逝世后，长江少年儿童出版社（集团）有限公司董事长何龙先生委托编辑部梁崴主任找到我，希望我写一本适合青少年阅读的关于袁隆平故事的书，旨在彰显中国科学家艰难探索的精神，为新时代的青少年树立榜样。

我觉得这是一件很有意义的事情，也是对袁隆平院士最好的怀念。于是，我欣然答应了，这本书也是我对袁隆平院士的致敬之作。

在创作过程中，难免要涉及一些杂交水稻方面的专业知识，这给创作增加了一定难度。所幸我过去曾几次采访袁隆平院士，曾写过一本袁隆平的长篇传记，现在结合查阅的大量文献资料，让写作得以顺利进行。在这里必须要说明的是，在过去的几次采访中，曾得到袁隆平及其家人的大力支持。袁隆平的秘书辛业芸同志、国家杂交水稻工程技术研究中心、湖南杂交水稻研究中心的王精敏同志和李承夏同志，都曾热情地安排采访座谈，并提供了大量的资料、图片。袁隆平院士的夫人邓则老师以及谢长江同志、罗闰良同志对该书进行了认真审读，并提出了宝贵的修改意见。著名作家陈启文对我的创作予以了大力支持。长江少年儿童出版社的领导和编辑们对本书非常重视，做了精心打磨。夏慧芳、罗琼、李芷仪对该书也做出许多贡献，谨此一并致谢！

袁隆平院士走了，但他老人家给我们留下了宝贵的遗产和精神财富。令人倍感欣慰的是，他所带领的杂交水稻团队是一个团结协作、勇于探索、具有很强战斗力的队伍，他们所掌握的杂交水稻技术，已经遥遥领先于全世界。我想，在不久的将来，他们一定能实现袁隆平院士生前"禾下乘凉梦"和"杂交水稻覆盖全球梦"的夙愿，把中国人的饭碗牢牢端在自己手中，为世界粮食供给做出新的贡献。

　　由于篇幅有限，加之时间紧迫，要想在字里行间将袁隆平院士的丰功伟业和人生轨迹全方位展现到读者面前，的确有一定难度。还请国家杂交水稻工程技术研究中心和湖南杂交水稻研究中心的各位领导、专家及各位热心的读者朋友谅解并批评指正。

　　致敬！"杂交水稻之父"袁隆平。

　　是为记。

贾建湘

2021 年 11 月 7 日于湘北

为世界粮食安全与人类和平而奋斗！

图书在版编目（CIP）数据

让世界不再饥饿 "杂交水稻之父"袁隆平的故事 / 贾建湘著.
— 武汉：长江少年儿童出版社，2022.9
ISBN 978-7-5721-3085-4

Ⅰ.①让… Ⅱ.①贾… Ⅲ.①袁隆平（1930—2021）–生平事
迹–青少年读物 Ⅳ.① K826.3-49

中国版本图书馆 CIP 数据核字 (2022) 第 145480 号

RANG SHIJIE BUZAI JI'E
ZAJIAO SHUIDAO ZHIFU YUAN LONGPING DE GUSHI

让世界不再饥饿
"杂交水稻之父"袁隆平的故事

作　　者：贾建湘
选题策划：何　龙　何少华
责任编辑：梁　崴　项　玮　胡　星
整体设计：朱赢椿　杨杰芳
封面绘画：翟艺琳　张　葵
内文插画：孙闻涛　翟艺琳　张　葵
营销编辑：唐　靓
排版制作：董　曼
责任校对：莫大伟
督　　印：邱　刚

出版发行：长江少年儿童出版社
经　　销：新华书店湖北发行所
印　　刷：武汉新鸿业印务有限公司
开　　本：720mm×970mm 1/16
印　　张：13.75
字　　数：135 千字
版　　次：2022 年 9 月第 1 版　2024 年 7 月第 3 次印刷
书　　号：ISBN 978-7-5721-3085-4
定　　价：38.00 元

本书如有印装质量问题，可向承印厂调换。